하루에 한 가지씩,
내 아이에게 꼭 필요한 것들을 미리 챙겨주는 인생예습학교

현명한 엄마의 남다른 자녀교육

노혜진 성격진단 카운슬러 지음

365

무한

머 리 말

　나는 어려서는 말이 없고 부끄러움을 잘 타는 성격에 울기를 잘했습니다. 특히 의사소통이 잘 되지 않거나 분한 생각을 하면 눈물부터 흘리는 딱한 내 모습이 무척이나 싫었습니다. 그런 내 모습을 탈피하려고 부단히 노력했지요.

　어른이 된 후, 대중 앞에서 말을 정말로 술술 잘하는 강사가 되었습니다. 누가 말 잘 하라고 가르쳐 준 적도 없고 특히 나서기 좋아하는 성격도 아니었습니다. 그런데도 나는 말을 잘 하는 사람이 되어 버렸습니다. 지금 생각해 보니 어려서부터 이런 기질을 더 잘 살렸다면 훨씬 세련된 이미지와 언어구사 능력을 가지지 않았을까 생각합니다.

　우리 생활의 모든 의사소통 수단은 말입니다. 그런데 그 말로 인한 오해와 말을 잘못 배운 어른들의 고약한 말버릇 때문에 다툼이 일어납니다.

한번은 이런 일을 경험한 적이 있습니다. 손 세차와 셀프 세차장이 있는 곳에서 손 세차를 시켰습니다. 물론 손 세차는 그다지 싼 금액이 아닙니다. 그럼에도 불구하고 손 세차를 하는 나의 습관 때문에 늘 손 세차장에 돈을 적잖이 씁니다. 그 날은 처음 간 세차장이었는데, 주인의 불친절이 거슬리는 데다 다른 세차장보다 5천 원이 더 비싼 곳이었습니다.

비싼 만큼 세차가 매끄럽게 되지 않은 터라 모래가 많은 구석구석을 가리키며 여기 저기 진공청소기를 돌리게 하였습니다. 그런데 옆에서 셀프 세차를 하는 남자가 눈을 치켜 뜨고 사납게 노려보는 것이었습니다. 주인도 아니고 그곳과 전혀 관련도 없이 그저 셀프 세차를 하면서요. 그러더니 대번에 "당신이 종이요? 그만해요!"라고 세차하는 직원에게 말하는 것이었습니다.

순간 나는 불쾌하기 그지없었습니다. 그래서 이렇게 말했습니다. "내 차에 모래가 있어 청소를 하라고 시켰는데 그쪽에서 무슨 이유로 상관하시나요? 더욱이 셀프 세차를 하는 당신의 비용에 비하면 나의 손 세차 비용은 몇 배가 비싼 것인데, 당신이 남의 일에 감 놔라 대추 놔라 할 아무런 이유도 없지 않은가요? 오지랖 넓히지 말고 당신 차나 잘 닦고 가세요.”

정곡을 찌른 그날의 관건은 나의 세차비가 더 비싸다는 점과 남의 일에 간섭하지 말라는 두 가지를 정확하게 표현한 것이었습니다. 그가 어떤 말을 해도 나에게 이길 재간이 없었던 이유를 들자면 당위적인 당당한 말 표현법 때문이라고 할 수 있습니다.

우리가 살면서 말을 잘 하려면 상대의 마음을 읽으려는 노력이 필요합니다. 그저 구관조처럼 떠벌이기만 하는 말은 아무도 듣지 않습니다. 특히 말을 통해 그 사람의 생각하는 바, 인격, 됨됨이, 습관, 지식과 모든 알음알이를 한눈에 보게 될 가능성이 많습니다.

말을 하되, 상대를 비난하거나 비아냥거리거나 비판적인 말은 속으로 되새기고 겉으로는 칭찬과 격려의 말만을 하는 것이 우선입니다. 말을 잘 가르쳐서 성공하는 아이로 키워야 하겠습니다.

노혜진

목 차

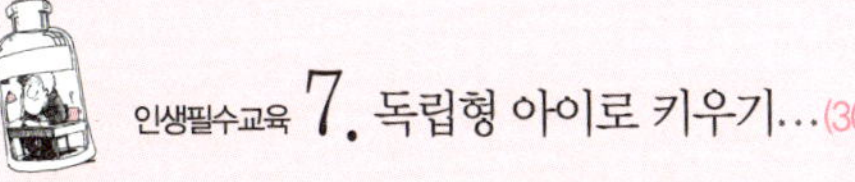

화술형 아이 로 키우기

자녀 앞에서는 웃는 표정으로 대화를 시작하세요

가끔 아프거나 속이 상하거나 심한 우울증에 빠질 때 사실 대화하기란 상당히 힘듭니다. 그러므로 차를 운전하다가도, 음식점에서 주문을 하다가도 말조심을 해야 합니다. 특히 아이들에게 "저리 가! 너는 왜 자꾸 성가시게 하니?"라는 말로 주눅 들게 하지 말아야 합니다. 어른들의 잘못된 감정표현 때문에 아이들의 희망이나 취미, 사랑에 결핍이 생기는 것입니다.

앞으로는 이렇게 말해 보세요. "나는 지금 무척 아프거든. 그래서 너와 놀아줄 수 없단다. 미안하지만 잠시 혼자 놀고 있으면 안 되겠니?" 이러한 말 한마디와 표정을 아이들에게 가르쳐 주는 어른의 모습이 바로 아이의 장래 모습이 됩니다.

항상 '왜냐하면' 이라는 말을 꼭 잊지 마세요. 그것은 아이들도 쉽게 이해할 수 있는 말입니다. 성난 얼굴로 말하는 부모는 되지 말아야 합니다.

전화를 걸거나 받을 때는 친절한 말씨로 통화하도록 가르치세요

아이들에게 전화 받는 법을 가르쳐 준 적이 있으신가요?

아마 지금 책을 읽고 있는 독자 여러분도 "누구세요? 엄마 없어요."라고 말하면서 더 듣기도 전에 끊어버리는 버릇 없는 아이들의 말투를 들은 적이 있을 것입니다.

그렇다고 "실례지만 누구세요? 아버님 오시면 연락드리시라고 전할게요."라고 징그럽게 말하는 아이를 우리는 바라지 않지요. 겸손하고 예의바르게 전화 받는 태도를 가르치는 것이 중요합니다.

"안녕하세요? 저는 ○○○입니다."라고 자신을 먼저 밝히고, 전화를 건 어른의 이야기를 듣고 나서 "잠시 기다리세요."라든지 "몇 시에 다시 전화주세요."라고 말하도록 가르치세요. 그리고 이런 전화예절 방법을 종이에 적어서 항상 전화기 옆에 두어야 합니다.

부모들이 집에 버젓이 있으면서 아이들에게 "없다고 그래."라고 시키면, 그 거짓말로 인하여 아이들은 교묘함이나 거짓말을 익히게 됩니다. 전화 예절을 가르치지는 못할망정, 최소한 아이들에게 위선을 가르치지는 말아야 합니다.

남들과 함께 할 때는 항상 '먼저'라는 배려의 말을 익히도록 하세요

엘리베이터의 문이 열릴 때나 식사를 할 때나 언제 어디서든지 "먼저 가세요, 먼저 하세요, 먼저 나가세요." 등의 말을 하도록 가르치고 웃는 모습을 보여야 합니다.

어른들이 남에게 배려하는 모습을 아이들에게 직접 보여줘야 하는 이유가 있습니다. '배려해라, 양보해라' 등은 너무나 어렵고 피상적인 말들입니다. 그러나 부모들이 "당신이 먼저입니다."라고 말하는 모습을 보여주면 아이들은 '내가 먼저'가 아니라 타인에 대한 배려를 배울 수 있습니다.

특히 부모가 먼저 "고맙습니다."라고 말하면 아이들도

“괜찮습니다.” “저도 기분이 좋아요.”라고 말하는 습관을
키울 수 있습니다.

　요즘 아이들은 말하는 법을 제대로 배우지 못해서 칭찬
에도 답례를 잘 하지 못합니다. 항상 상대방이 먼저 할 수
있도록 배려하는 모습을 가르치고, 아이가 먼저 “안녕하세
요. 고맙습니다. 천만에요. 나의 기쁨입니다.”라고 말하도
록 가르치세요.

사랑스러운 자녀의 생일엔 반드시 축하의 말을 전해 주세요

　아이들의 생일만 중요한 것이 아닙니다. 부모님이 먼저
어르신들이나 주변의 사람들에게 “생일 축하합니다.”라는
말을 할 줄 아는 어른이 되어서 그것을 아이들에게 보여 주
어야 합니다.

한국의 어른들은 축하에 너무나 인색합니다. 아니, 남의 흉허물은 적나라하게 말하길 잘합니다. 그러나 작은 선물, 작은 축하에는 점잔을 빼고 모른 척하지요. 하지만 그래서는 안 됩니다.

더욱이 그러한 많은 파티나 초대를 부모들이 소홀히 대해서는 안 됩니다. 어려서 생일을 제대로 챙겨 본 적이 없는 아이는 훗날 어른이 되어서도 아내나 남편의 생일, 부모의 생일을 등한시할 것입니다. 그 이유는 간단합니다. 받아 본 적이 없기 때문입니다.

아이들이 친구나 유치원, 초등학교 친구들의 생일파티에 초대받아 가면 선물을 같이 사고 카드에 직접 축하의 글도 쓰도록 도와주세요.

기쁜 날 같이 노는 법도 가르치고 노래하고 즐거워하는 법도 가르쳐 주세요. 그것은 말이 아닙니다. 바로 부모의 행동으로 직접 보여줘야 합니다. 어린아이들에게 진정 행복한 순간은 바로 선물을 받을 때라는 것을 잊지 말아야 하겠습니다.

아이들의 부탁이나 요구에 긍정적으로 대답해 주세요

　아이들의 요구를 다 들어줄 수는 없지요. 그런데 아이가 좋아하는 게임CD나 곰 인형을 가능한 사 주지 않으려 하는 부모의 거친 말을 들어 본 적이 있으신가요? "너는 공부도 못하고 동생과 싸우기만 하니 사 주지 않을 거야." 이런 말을 하는 부모 밑에서 아이는 좌절을 배우게 됩니다.

　"오늘은 안 되지만 다음에 꼭 사줄게."라든지 "그래, 얼마 하지?"라고 다정하게 묻고 가능한 아이들의 말에 귀를 기울여 주세요. 아이들이 하는 기쁨의 말을 들어주어야 합니다.

　간혹 좀 더 큰 학생들이 핸드폰을 자주 바꾸어 달라고 할 때 성적이 오르면 사준다고 말하는 부모님들이 있습니다. 그러나 어떤 요구를 성적과 비교해서는 안 됩니다. 그저 아이게 꼭 필요한 물건일 경우, 능력이 되는 한 사주는 부모가 되어야 하겠습니다.

　아이들의 요구에 짜증 섞인 얼굴로, 때로는 험악한 모습으로 "안 돼!"라고 말하지 말아야 합니다. 부모에게 거절당한 아이들은 커서도 버릇이 고쳐지기는커녕 무능력한 아이로 변할 수도 있습니다.

사실 많은 어른들은 아이들의 끊임없는 징징거림과 요구에 더는 못 견디고 함부로 말을 하거나 폭력적인 언행을 서슴지 않습니다. 특히 자녀가 말을 못하도록 막으며 폭행을 하는 부모는 그것이 자녀를 죽이는 행동임을 알아야 합니다.

속이 상하더라도 항상 "그래, 들어보자. 알았다."라고 말해 보세요. 당신의 아이가 미래의 과학자, 대통령이 될 유능한 자녀임을 부모가 먼저 알아야 합니다.

아이들의 수다에 관심을 갖고, 귀를 기울여 주세요

맞벌이 부모와 아이들은 대화가 적습니다. 부모들은 아침 일찍 일어나서 아이들을 놀이방이나 학교로 보내고 저녁이면 아이들이 학원에서 돌아와 잘 시간이 되어서야 집에 들어옵니다. 그러다 보면 자연히 아이들과 멀어지지요.

이렇게 아이들과 대화가 적어지다 보면 아이들의 생각이나 생활을 따라가지 못합니다. 그러므로 아이들의 이야기를 들어주고 무슨 말을 하는지 귀를 기울여야 합니다. 친구 이야기, 학교 이야기, 관심거리, 특히 제일 좋아하는 것이 무엇인지 알아내고 같이 동참해야 합니다.

그리고 아이가 말을 조리 있게 잘 하는지 살펴보아야 합니다. '누가, 언제, 어디서, 어떻게, 무엇을, 왜' 라는 원칙으로 말하게 유도해 봅시다. "그래, 그 친구는 누구이며 어디 살고 무엇을 좋아하고 언제 만났니?" 등으로 재미있게 말을 유도해 봅시다. 그러다 보면 아이들은 아주 신나게 말하기 시작합니다. "그랬어?"라고 관심을 가지고 박수도 치고 "어머나! 너무 멋지다."라고 말할 줄 아는 어른이 됩시다.

어른이라고 권위를 지키고 항상 주눅 들게 하면 아이는 말을 잘 못하게 됩니다. 아이가 스스로 말할 기회를 주고 이야기할 때 끊지 말며 시시하더라도 늘 좋은 기분으로 말하도록 하세요. 어른은 아이에게 말을 가르치지만 오히려 말을 잘 들어주는 것도 중요합니다.

그때그때 달라지지 말고 늘 한결같이 말하세요

같은 말을 한결같이 하는 어른이 되어야 합니다. 아이들에게 오늘 하는 말, 내일 하는 말 다르게 하면 아이들은 혼동할 것입니다. 부모는 야단을 칠 때나 칭찬을 할 때도 같은 말을 해야 합니다.

얼마 전 나는 어느 의류점에 자녀를 데리고 온 부모와 아이의 말에 귀를 기울이게 되었습니다.

"너 자꾸 떼를 부리면 다시는 이런 데 데리고 오지 않을 거다." 그러자 아이가 이렇게 말하는 것이었습니다. "엄마가 그러면 나 유치원 안 간다." 속으로 얼마나 웃었는지 모릅니다. 비록 나이 어린 아이지만 그 아이가 하는 말이 어쩌면 어른의 거울인 것은 아닌가 생각해 보아야 합니다. 유치원에 가도 그만 안 가도 그만이라는 아이의 태도. 그것은 부모의 협박에 적응된 아이의 노련함이 아닐까요?

아이들의 질문에 정직하게 대답해 주세요

묻는 말에 정확하고 신중하게 그리고 친절하게 대답하는 어른이 되어야 합니다. "엄마 왜 사람들은 죽어요?"라고 물으면 "넌 몰라도 돼."라고 대답한다든지, "아이는 어디서 태어나요?"라고 물을 때 "너도 크면 다 알게 된다."라는 식의 회피성 대답은 하지 말아야 합니다. 정확하게, 그러나 아이들이 이해하기 쉬운 정직한 말로 가르쳐 주세요. 그것이 훗날 아이에게 큰 도움이 될 것입니다.

어른들은 자기 마음대로 말하고 아이들에게 감정적으로 대할 때가 많습니다. 더구나 말버릇도 고약한 경우가 많지요. 그러한 모습을 아이들은 정확히 배우게 됩니다.

항상 친절하게 대하기란 상당히 힘듭니다. 그러나 어른은 아이들에게 친절하고 다정하게 대하는 것이 당연합니다. 함부로 깔보는 말이나 윽박지르는 말, 아이들에게 이것저것 시키는 말들만 하지 않는지 살펴보세요. 어른은 아이의 인생의 책임자며 보호자임을 잊지 말아야 합니다. 아이들이 질문을 할 때에도 보호자로서 성실한 모습을 보여 줘야 합니다.

"이렇게 해라, 저렇게 해라." 이유 없는 습관성 강요를 하지 마세요

어른들은 아이들이 스스로 옷이나 책들, 장난감을 치우기를 바랍니다. 그러한 많은 시간들 속에서 아이들과 다투지 않는지 생각해 봐야 합니다. 옷을 이렇게 해라, 저렇게 해라, 책은 이것을 읽어라, 저것을 읽어라, 장난감은 어디다 두어라……. 매일 하는 "치워라, 공부해라, 제자리에 갖다 놓아라." 같은 말들은 아이들에게 잔소리로 들립니다.

아이들을 가만히 둘 수 없는 이유는 어른들에게 있습니다. 사주는 장난감, 옷과 책은 오히려 어른 취미가 아닌가요? 어른들의 취향으로 만들어서 어른의 입장만 고수한 것은 아닌가 생각해 봐야 합니다.

'이렇게 해라, 저렇게 해라.' 라고 말하기보다는 그냥 내버려두는 모습에서 아이들은 더 크게 성장합니다. 말을 안 하는 어른이 말 잘하는 아이를 키우는 것입니다.

입으로 사랑을 가르치지 말고 몸과 마음으로 실천하는 모습을 보여 주세요

부모는 진실한 사랑을 가르치는 어른이 되어야 합니다. 한국인들은 사랑한다는 말을 잘 하지 못합니다. 오히려 '사랑' 이라는 말은 참을수록 더 가치 있는 말이라는 착각까지 갖고 있기도 합니다. 심지어는 사랑을 표현하는 상대에게 조차도 "입에 발린 소리한다."라며 무안을 주기까지 합니다. 오랜 유교적 관습으로 인한 병폐로 속마음을 내 보이지 않는 것이지요.

아이들에게 사랑한다는 말이 얼마나 중요한지 아시나요? "사랑해."라고 진실로 말하는 그 말 속에서 아이는 사랑을 배우고 사랑을 할 줄 알게 되는 것입니다. 아이가 사회에 나가서도 사랑을 배우고 익히고 더구나 남을 사랑할 줄 알게 되는 것이지요. 마음에서 깊게 이해하고 포용하는 사랑의 마음이 생기도록 해야 합니다. 사랑은 돈으로 사는 것이 아니고 속이 보이는 얕은 것도 아니며 변절되는 것이 아닌, 어머니 품속처럼 다정한 것이라고 알려 주어야 합니다.

'빨리, 빨리!' 아이들에게 부담스런 재촉을 하지 마세요

서둘러서 앞서가는 모습에서 아이들은 어떤 것을 배울까요? 음식 주문을 한 뒤 기다리지 못하고 "빨리 주세요."라고 말하고, 자동차 운전도 마치 카 레이서처럼 속도를 내며 달리는 어른들이 많습니다. 항상 '빨리'만 외친다면 아이들도 반드시 빨리 빨리 서두르면서 급물살에 휘말리듯 살게 될 것입니다.

세상은 속도보다는 과정이 중요하다는 사실을 아이들이 깨닫게 해 줘야 합니다. 서두르고 안절부절 못하며 모든 일에 "빨리"라고 말하는 그 속에서 자녀에게 정말 소중한 가치까지도 그냥 지나쳐 버릴 수 있음을 어른들이 먼저 생각해 봐야 하겠습니다.

'지금 한 말, 지킬 수 있지?' 아이들에 게 말의 책임에 대해 상기시켜 주세요

어른들 중에는 약속도 번복하고 말만 번지르르하게 앞세우는 사람이 있는가 하면, 자신의 말만 하고 남의 험담을 하거나 단점만 꼬집는 사람이 있습니다. 이런 어른들은 말에 대한 책임을 모르는 사람들입니다.

말을 잘하는 사람치고 실속이 없다는 유교적인 발상을 이제는 타파해야 합니다. 말을 어떻게 잘하고 얼마만큼 상대를 읽을 수 있으며 말로 논리의 타당성을 부여하는가에 따라서 아이의 인생이 달라집니다. 그리고 어려서부터 체계적이며 명확한 사고 시스템을 갖게 가르쳐야 합니다. 수많은 사람들이 이중성과 말잔치, 책임 없는 행동들을 수도 없이 보이며 살아가고 있습니다. 한번 말한 것은 반드시 지켜내는 아이, 책임감 있는 아이로 성장하도록 도와주고 일깨워 줘야 하겠습니다. 말과 행동은 떨어질 수 없는 세트교육입니다. 건강한 인생을 누리려면, 말실수를 범하지 않도록 말에 대한 책임감을 가르쳐 주어야 합니다.

'안녕하세요.' 하고 반갑게 인사할 줄 아는 아이로 키우세요

도무지 요즘 아이들은 어른을 보고도 멀뚱멀뚱 쳐다보기만 할 뿐 절대 인사를 하지 않습니다. 부모들이 자녀에게 가르칠 시간도 없고 맞벌이를 하며 시간을 쪼개고 사는 까닭입니다. 가까운 주변의 낯익은 얼굴도 그다지 반기는 편이 아니지요. 어른들이 인사를 시켜야 마지못해 꾸벅 절하는 정도입니다.

인사를 잘 하는 아이는 크면 반드시 성공합니다. 만약 아이에게 "안녕하세요."라는 말 한마디를 가르친다면 나중에 아이는 친구도 많고 사교적이며 세련된 어른으로 성공할 것입니다.

이기적이고 자만하고 오로지 자신밖에 모르고 나르시시즘에 빠진 아이들로 만들지 말아야 합니다. 지나치게 훈계하거나 야단을 치라는 것이 결코 아닙니다. 이 세상에서는 인사하고 더불어 사는 데 익숙해야 성공할 수 있음을 가르쳐 줍시다.

자립심을 가진 아이는 어디서든 당당히 말할 수 있습니다

아이들이나 동물들이 우는 경우는 마음이 나약한 경우입니다. 그러나 아이들이 울며 떼를 쓸 때는 동정심이나 보호하려는 마음보다는 오히려 거부반응이 생기고 미움이 생길 수 있습니다. 앙탈을 부리거나 속을 태우게 하는 아이는 느긋함이 없는 것입니다.

여성 중에는 나이가 들어도 잘 우는 사람이 있습니다. 물론 보호본능을 느끼게 하지만 자립심이 부족한 추한 울음으로 비춰지는 경우도 있음을 부모님들은 알고 계실 것입니다.

아이가 울 때는 다독거려 주고 어루만지는 것이 우선입니다. 그러나 습관적으로 우는 아이는 호되게 야단치고 그 버릇을 없애야 합니다. 자립심을 키우기 위해 조용한 곳에 혼자 있게도 해야 하며, 말로 타이르고 약한 부분을 강하게 하는 운동이나 체력단련을 자주 해 강화시켜야 합니다.

쓸데없이 울지 않는 아이, 그러나 대범하고 마음이 깊은 아이로 성장시켜야 그 아이가 어른이 된 이후 세상을 살아가는 데 불편함이 없어지는 것입니다.

고집 세고 자기밖에 모르는 아이는 성공과는 거리가 멉니다. 어려서부터 잘 다듬는 조경처럼 부모나 주변 사람들이 아이들의 심성을 가꾸는 조경사 역할을 잘 해야 합니다. 늘 불만이 많거나 다툼을 보여 주고 미움을 말하는 어른 사이에서 아이는 무서운 아이로 성장하게 될 것입니다.

착한 아이를 만들라는 것이 아니라 자립심을 가진 아이로 만들어서 그 아이가 성공을 향해 노력하도록 해야 하는 것입니다.

식탁은 언어예절을 가르쳐 주는 교탁입니다

늘 패스트푸드나 외식에 관심을 갖는 어른들 사이에서

자란 아이는 음식의 고유한 맛을 잘 모릅니다. 그러므로 제대로 된 식사 자리를 함께 하면서 가정에서 식사하는 법, 레스토랑이나 호텔에서 식사하는 법, 아이들끼리 식사하는 법, 어른과 아이들끼리 식사하는 법 등 다양한 예절을 가르칠 필요성이 있습니다. 아이들이 식사 때에 지나치게 소란스럽거나 어른들의 말에 끼어들지 않게 말 하는 법을 제대로 가르쳐야 합니다.

또한 밥을 먹으면서 대화할 때 하는 말들, 유머와 재치를 가지고 상대의 말에 응수하는 법 등을 가르쳐 주세요. 다양한 상황에서 말을 잘하는 아이는 결국 공부도 잘하고 심성도 바른 학생이 될 것입니다.

식탁에서 부모님과 함께 식사하며 이야기하고 예절을 배울 수 있는 즐거운 시간을 아이들에게 선물해 보세요.

자녀에게 그들만의 카리스마를 소유하게 해 주세요

　한창 인기가 상승해 성황리에 끝난 영화 타짜의 주인공처럼 상대를 제압하는 힘과 에너지를 키우는 것은 담력입니다. 어려서부터 용감한 아이, 자신을 이기는 아이는 어떤 상대 앞에서도 눈 하나 깜짝하지 않는 카리스마를 지니게 됩니다.

　임기응변에 능하고 상대를 제압하는 힘이 있고 때로 과감하게 일어나서 자기를 응수한다는 것만 해도 멋진 일이 아닐까요? 과감한 자심감은 어디에서 나올까요? 승부를 걸 만큼의 용감함은 어디서 비롯되는 것일까요? 그것이 바로 저력, 즉 숨겨진 힘입니다.

　자라나는 아이를 억누르거나 압박을 하고 주눅 드는 말들을 하고, 마구잡이로 부모의 뜻대로 이끌지만 않는다면 자녀들은 용기와 카리스마, 이 두 가지의 보석을 마음속에 담게 될 것입니다.

핀잔과 야단 대신 칭찬으로 키우세요

어른들이 "잘한다, 훌륭하다, 최고다, 멋지다." 같은 좋은 말을 자주 해 주고 용기를 북돋워주며 희망을 줄 때 아이들은 스스로 자긍심을 갖게 됩니다.

"너는 이것도 못하니? 이렇게 하면 혼날 줄 알아!" 등으로 핀잔이나 주눅 들게 하는 말을 들은 아이는 부정적이고 슬픈 아이가 되기 쉽습니다. 언제나 잘한다고 칭찬을 하면 아이는 자신감을 가지고 당당하게 말을 할 수 있게 됩니다.

큰 소리로 말할 때와 조용히 말해야 할 때를 구분해서 알려 주세요

소리치고 우당탕거리는 아이와 부모들이 있는 패밀리

레스토랑에 가면 머리가 흔들리고 기분이 상하는 사람들이 많을 것입니다. 도무지 예의라고는 찾아볼 수도 없고 누구 하나 제지하는 사람도 없지요. 그런 아이들은 부모의 모습을 닮은 것입니다.

그러므로 집에서나 공공의 장소 등에서 조용히 말하는 것과 타인에게 실례되지 않도록 말하고 행동하는 법을 가르치면 아이들은 멋진 신사, 숙녀가 될 것입니다. 조용히, 장소에 맞고 예의바르게, 또한 조목조목 또박또박 말을 할 수 있도록 가르쳐 주세요.

무엇보다 자녀의 학교생활에 관심을 가지세요

학교는 자녀들이 미리 경험하는 또 하나의 작은 사회라고 볼 수 있습니다. 친구와의 교우관계, 선생님과의 커뮤니

케이션 문제 등에 관심을 갖고 들어 주어야 합니다.

학교생활이 바른 아이는 부모와의 대화에도 적극적이기 마련입니다. 또한 부모와의 상담을 통해 나름대로 문제를 해결할 현명한 방법을 스스로 찾을 수 있습니다. 아이의 학교생활에 언제나 관심을 갖고, 항상 대화를 통해 문제를 해결하는 습관을 키워 주세요.

일찍 자고 일찍 일어나는 습관을 길러 주세요

밤늦도록 드라마나 텔레비전에 빠진 부모와 아이는 결국 다음 날에 지장을 주게 됩니다. 그러므로 잠을 일찍 자는 습관을 갖게 해 주세요. 그리고 잠자리가 편한지 살펴 주세요. 오늘 편안하게 잠자리에 들어야 다음 날 일찍 일어나 여유 있게 하루를 시작할 수 있음을 아이에게 알려 주세요.

늘게 잠든 부모가 허둥지둥 일어나 아침도 제대로 먹지 못하고 뛰어서 출근하는 모습을 보면서 큰 아이에게 "일찍 자고 일찍 일어나라."라고 말하는 것은 효과가 없습니다. 부모님이 모범을 보여 주세요. 일찍 일어나 하루를 보내고 일찍 잠들면 몸이 편안해집니다. 아이가 여유롭고 편안해지면 결국 자연스럽게 말을 잘하게 되는 것입니다.

옷은 아이의 얼굴, 자신의 이미지에 관심을 갖도록 해 주세요

지저분한 옷차림에다가 몸을 잘 씻지 않는 데 익숙하게 지내면 어른이 되어서도 같은 모습이 됩니다. 항상 깨끗이 씻게 하고 어디서나 깔끔한 이미지를 보여 주도록 하는 것이 좋습니다. 꼭 좋은 옷, 유명한 상표의 옷이 아니더라도 괜찮습니다. 오래된 옷이더라도 깨끗하게 챙겨 입고, 늘 깔

끔한 이미지를 보이도록 알려 주면 그 아이는 커서도 자신
의 이미지 관리를 잘 하게 될 것입니다.

일기를 통해 말하기와 글쓰기 능력을 키워 주세요

자신의 생각을 짧게라도 쓰고 하루를 보내는 아이와 그
렇지 못한 아이는 정신적인 면이 크게 달라집니다. 아이는
자신의 생각을 글로 나타냄으로써 몰라보게 성숙하게 됩니
다. 자신의 생각이 많은 아이는 항상 체계적이며 논리적으
로 사고하고 있으므로 결국 말도 논리에 맞게 하는 습관이
드는 것입니다.

말 잘하는 아이로 키우려면 일기를 쓰게 하세요. 일기만
큼 논리적인 생각과 말하기에 도움이 되는 것은 없습니다.

어릴 때부터 집중력을 키울 수 있는 흥미로운 계기를 만들어 주세요

레고 블록 쌓기나 색종이 접기, 우표 모으기 등 흥미를 가질 수 있는 계기를 만들어 주세요. 자신이 원하는 카드나 어떤 물건을 많이 모으면서 아이는 집중적으로 에너지를 가지게 되고 즐거움이 증폭됩니다. 때로는 컴퓨터 게임에 빠진 아이라도, 중독일 정도가 아니라면 내 버려두는 것도 좋은 미래를 위한 하나의 방법이 될 수 있습니다.

부모가 긍정적인 모습을 보일 때 아이는 자신감을 갖게 됩니다

자신의 의사를 상대방에게 잘 전달하려면 긍정적이고

낙천적인 생각을 우선 해야 합니다. 명랑하고 쾌활하며 밝은 마음을 가지고 당당한 자신의 모습을 보여 줘야 합니다.

아이들에게 자신감을 주는 것이 가장 중요한 원칙입니다. 항상 '좋다, 밝다, 행복하다.' 라는 느낌을 주는 것도 참으로 좋습니다. 긍정적인 생각을 매일 심어주다 보면 어느 날, 말 잘하는 아이가 되어 있는 자녀를 보게 될 것입니다.

반장이나 회장을 맡게 하여 리더십을 키워 주세요

어디서든지 리더가 된다는 것은 강한 책임감을 갖게 되는 것입니다. 그리고 그러한 책임감의 바탕에는 항상 삶의 활력이 있게 마련입니다. 남들 앞에 서 본 아이는 어른이 된 이후에도 무엇이든지 솔선수범하고 자신 있게 노력하게 될 것입니다.

나는 누구이며 무엇을 할 것이며 앞으로 어떻게 살 것인
가라는 당위성을 가르치는 것도 리더가 되는 길입니다. 많
은 사람들 앞에 서야 하는 리더가 결국 말을 잘 하게 되리라
는 것은 자명합니다. 남의 앞에 서서 당당하게 말을 잘 하는
아이가 결국 성공하는 아이, 행복한 아이가 되는 것입니다.

집 밖에서 또래들과 함께 어울릴 수 있도록 해 주세요

영화를 보러 가든지, 스케이트를 타든지, 수영장을 다니
든지 등의 활동을 하면서 생기발랄하게 사는 방법도 중요
합니다.

말을 의기소침하게 하는 아이들은 환경의 영향을 많이
받고 있는 것입니다. 그러므로 집에서 휴일을 보내지 말고
무엇인가를 하게 하는 것이 중요합니다. 아이들이 친구들

과 어울려 노는 방법도 막연한 놀이보다는 역할 분담이 되
는 일들이 좋습니다. 혼자 하는 골프보다는 축구나 야구,
농구를 함으로써 여럿이 협동하는 마음이 들게 하는 편이
좋습니다.

자녀들에게 걱정을 안겨 주지 마세요

부모들의 돈 걱정, 이혼문제, 괴로운 집안문제를 아이들
이 알게 해서 눈물짓게 하거나 슬픔을 주지 말아야 합니다.
그런 분위기에서 아이들은 말을 잘 할 수 없고, 결국 괴로
운 어른들처럼 침묵하게 되는 것입니다. 비록 환경은 좋지
않아도 그것을 딛고 일어나 부단히 노력하고 서로 돕는 마
음을 갖도록 해줘야 합니다.

아이에게 걱정을 안겨주지 않고, 아이가 하는 말 하나하
나에 귀를 기울이고, 좋은 생각에는 아낌없는 찬사와 격려

를 보낸다면 그 아이는 분명히 말을 잘 하는 아이가 될 수 있을 것입니다.

자녀들이 말할 때는 무시하지 말고, 끝까지 들어주세요

한없이 들어주고 생각하게 하고 그리고 안아주세요. 아이들의 말은 어쩌면 비논리적이거나 어른이 볼 때는 유치하기 그지없을 것입니다. 그러나 그 말은 결국 아이들의 생각을 끄집어내는 역할을 하므로 무시하거나 모른 척하지 말고 귀를 기울여야 합니다. 징징거리는 말과 투정하는 말은 교정해 주되, 다른 말들은 결코 무시하지 말고 항상 들어줘야 합니다. 말이란 들어주는 사람이 있기 때문에 그것에 희망을 거는 것입니다. 다른 사람이 나의 말을 들어준다는 희망이 큰 힘이 되는 것입니다.

흥분해도 조리 있게 차분히 말하는 요령을 가르쳐 주세요

화가 나거나 속이 상하면 마음에 없는 말들이 쏟아져 나옵니다. 그리고 마음이 약한 경우에는 눈물을 흘리게 됩니다. 감정의 컨트롤이 되지 않으면 말보다는 감정의 충돌이 생기게 되는 것입니다.

화가 나도 자신의 말을 또박또박 말하게 하고 생각을 정리하는 요령과 기술을 익히게 해야 합니다. 말을 함으로써 감정을 절제하고 결과를 논리적으로 끌어내는 연습을 하는 것도 중요합니다.

아이들은 약한 나무와 같습니다. 그 나무의 잎이나 장래의 희망이 되는 가지를 결코 치지 말아야 합니다. 그저 곱게 잘 다듬어서 진정으로 자신의 말을 제대로 하는 아이가 되기를 희망합니다.

아이들 마음속의 걱정을 줄이고, 덜어주세요

아이들은 사소한 꾸지람에도 학교에 가기 싫어할 수 있습니다. 또 친구와 다투면 심하게 소심한 생각을 갖게 됩니다. 그러므로 아이들이 작은 일을 훌훌 털어버릴 수 있도록 어른들이 도와주어야 합니다.

아이들의 소원은 되도록 들어주고 걱정은 이해하고 해결하여 주도록 하세요. 핀잔을 주거나 야단치고 괴롭히는 어른들이 되어서는 안 됩니다. 가지고 싶은 작은 물건 때문에 평생 상처받고 말문을 닫을 수 있는 것입니다.

가만히 생각해 보세요. 어른들도 자신의 유년기의 슬픈 추억이나 가슴 아픈 추억은 잊지 못하는 법입니다. 아이는 정말 순수한 도화지입니다. 그 도화지에 어떤 그림을 그리느냐에 따라서 삶이 달라지는 것입니다. 가능하면 아이의 걱정을 줄이고 덜어주어야 합니다.

아이의 치아를 가지런하게 교정해 주세요

삐뚤어진 치열과 덧니는 발음과 목소리도 달라지게 합니다. 또한 미관상 좋지 않습니다. 어른들 중에도 뻐드렁니, 덧니, 옥니 등이 보기에 거슬리는 사람들이 있습니다. 아무리 인격이 좋고 성격이 좋아도 어쩐지 인상이 나빠 보인다는 선입견이 생길 수도 있습니다. 안 그래도 경쟁이 심한 사회에서 사는데, 아이에게 불리한 환경을 남겨둘 필요는 없을 것입니다.

어려서 말 잘하고 호감이 가는 아이로 성장시키려면 이를 교정해 주세요. 예쁜 치아로 바르게 말하는 아이와 밝은 미소를 가진 아이는 모든 사람들이 좋아할 것입니다.

거짓말이 아니라 임기응변이라면 받아 주세요

유효적절하게 말하는 것과 그렇지 못한 것은 어른이 되어서도 성공과 실패의 원인이 됩니다. 어떤 일을 만났을 때 바로 그 순간을 포착하여 변화를 주고 말을 재주 있게 하는 것도 아이의 재치입니다. 말을 잘 하는 아이는 어른이 되어서도 침울한 분위기를 전환시킬 수 있고 슬픈 사람에게 희망을 줍니다. 또한 사람들에게 감동을 주고 기쁨의 칭찬을 나눌 수 있는 진정한 휴먼 정신을 발휘할 수 있습니다.

그러나 우리는 거짓말을 잘 하고 사기를 치는 데 능수능란한 아이를 원하는 것이 아닙니다. 진정한 삶의 가치를 아는 인간적인 아이로 키워야 하는 것입니다. 진정으로 말을 잘 한다는 것은 정신세계가 깊어서 누구도 능가하지 못한다는 말입니다. 다시 말해서 재치와 위트가 있는 임기응변이라고 하겠습니다. 임기응변은 거짓말과 다르다는 점을 부모님이 알고 있어야 합니다. 아이가 재치 있게 임기응변을 하는 경우에는 그것을 적절히 받아 주는 것이 좋습니다.

터무니없는 이야기를 할지라도 진지하게 들어주세요

끝까지 다 듣고 나서 칭찬하고 격려해 주며 잘 한다고 다시 한 번 안아주고 키스해 주세요. 아이들이 가진 모든 것을 수용하는 자세를 가지면 그것이 바로 아이가 말할 수 있는 분위기를 조성하게 됩니다.

"네가 무엇을 아니? 이것도 못하는 주제에." "시끄러워, 저리 가!" 등의 말을 하는 순간 아이는 말을 막고 침묵하고 혼자 고뇌하게 될 것입니다. 그러므로 말을 할 수 있는 여건을 만들어 주어야 합니다.

무엇이든지 받아주는 어른 앞에서 아이들은 쉽게 이야기를 합니다. 그 이야기의 당위성이나 진위 여부는 그다지 중요하지 않습니다. 왜냐하면 말을 하는 것 자체만으로도 충분하게 아이는 기쁘기 때문입니다.

자녀 스스로 할 수 있는 일들은 직접 챙기도록 해 주세요

아침에 늦게 일어나고 머리도 빗지 못한 채 항상 지각을 하고, 살이 쪄서 잘 걷지도 못하고 숙제는 늘 하지 않고 잠만 많은 아이라면 그런 아이를 좋아할 사람은 많지 않을 것입니다.

지각을 하더라도 깨우지 않는 날과 일찍 일어나서 학교에 가는 날을 아이에게 만들어 주세요. 그리고 칭찬과 침묵으로 일관하는 어른들이 되어 보세요. 스스로 할 수 있는 일은 직접 하도록 해야 합니다.

혼자 옷을 입고 벗을 수 있도록 해야 하며, 하다못해 부모가 없으면 라면이라도 끓여 먹을 수 있는 능력의 소유자가 되려면 스스로 모든 것을 터득하게 해야 합니다. 말도 역시 그렇습니다. "이거 해라. 저거 해라. 너는 왜 말을 못하니?"라고 말하는 순간 아이는 더 말을 하지 않게 되는 것입니다.

한 가지 주제를 정해서 아이가 자신의 생각을 발표할 수 있도록 해 주세요

중언부언 횡설수설 듣기 싫은 남의 험담이나 하고 남을 깎아 내리려는 말을 하면 다른 사람과 두터운 친분을 가질 수 없습니다. 특히 주제 없는 자기 자랑으로 일관하고 잘난 척이나 한다면 더더욱 다른 사람과 친분을 쌓을 수 없을 것입니다.

아이에게는 자신의 생각을 정확하고 똑바르게 이야기할 수 있도록 주지시켜야 합니다. 그 이유는 의사소통이 중요하기 때문입니다. 어려서 갖춘 인격이 어른이 될 때까지 갑니다. 쓸데없이 장난이나 치고 말장난으로 일관하는 아이가 아니라, 하나의 주제를 가지고 자신의 생각을 분명하게 표현할 수 있도록 유도해야 합니다.

혼자서 위인전이나 세계의 역사를 읽고 생각한 내용을 발표한다든지, 학교에서 하루 동안 있었던 일, 친구와 싸웠던 일 등 다양한 주제를 스스로 정해서 발표하는 시간을 마련해 주세요.

의견충돌이 생겼을 경우에는 논리적으로 설득하세요

아이들은 화가 나고 흥분하면 울기부터 한다는 점이 특징입니다. 또한 의사소통이 원활하지 않을 때는 소변을 함부로 보거나 물건을 훼손하는 등으로 폭력성을 띠게 되기도 합니다.

이러한 일시적인 일들은 나중에는 하지 않도록 고쳐집니다. 그보다 더 중요한 것은 화가 났을 때 침착해야 한다는 것을 알려 주고 어떻게 말해야 하는지를 알려 줘야 한다는 점입니다. 그것을 가르치면 정말 훌륭한 아이가 될 수 있습니다. 사실 어른도 그렇지 못하고 다투고 서로 소리치기 일쑤이기 때문입니다.

교통법규를 어기거나 차선 시비로 싸우고 으르렁대는 어른들 같은 모습을 아이가 보이지 않도록 침착함과 논리를 가르쳐야 합니다.

식사시간은 밥만 먹는 것이 아니라 가족 간의 대화를 섭취하는 시간입니다

예전의 어른들은 식사할 때는 말을 하지 않는 것이 양반이라고 해서 입을 다물고 화난 사람처럼 밥을 먹었습니다. 그러나 이제는 그러한 고리타분한 예절은 사라져야 한다고 봅니다.

화가 난 사람처럼 밥을 먹고 말을 하지 않는 것이 얼마나 힘들까요? 우리나라에서 가장 무서운 형무소가 정치범 수용소인데, 독방에 가두는 이유는 바로 의사소통수단인 언어가 차단되면 사람은 고독해지고 그것이 무서운 형벌이 되기 때문이라고 합니다.

요즘은 불행한 아이들이 많습니다. 부모가 맞벌이를 하는 아이들은 학원으로 돌아다니다, 밤늦게 집에 와서 말할 사람도 없이 혼자 잠들어 버리니 얼마나 슬픈 하루를 보내고 있을까요? 그러므로 식사하는 동안이라도 아이와 같이 이야기하고 위로하고 격려하는 부모가 되어야 하겠습니다.

때로는 변명이나 거짓말을 할지라도 모르는 척 하세요

사실 아이들도 무섭거나 혼이 날까봐 두려워서 가끔은 거짓말도 하고 변명도 합니다. 그런데 어른들은 호되게 야단치고 윽박지르면서 아이의 심정을 이해해 주지 못하는 경우가 많습니다.

사소한 거짓말이나 악한 마음이 없는 변명은 들어줄 수 있는 어른이 되어야 합니다. 아이의 장래는 사실 부모가 어느 기간 동안은 책임져야 합니다. 시간이 지나 아이들이 자신의 실수나 과오를 알게 됨으로써 양심으로 해결하게 해야 하는 것입니다. 아이들도 속이 깊은 부모의 마음을 언젠가는 알게 됩니다. 아이도 곧 어른이 되기 때문입니다.

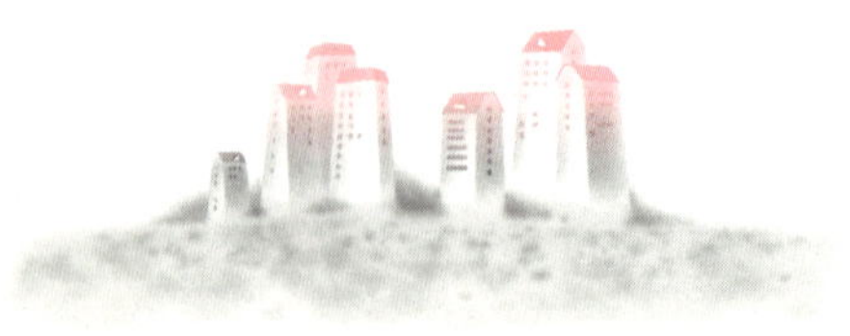

한 달에 두 번 정도 친한 친구에게 편지를 쓰게 해 보세요

이 세상에서 가장 아름다운 편지는 자녀가 유치원 때 쓴 카드나 편지라고 합니다. 삐딱한 글자와 엉성한 문체지만 '아빠 사랑해요. 엄마 사랑해요.' 라고 쓴 글들이 마음을 포근하게 한다는 것입니다.

아이들은 편지를 쓰면서 성장합니다. 그리고 자신의 내면세계의 생각을 글로 씀으로써 차츰 말도 잘 하게 됩니다. 글 잘 쓰는 아이가 말도 잘하고 말 잘하는 아이가 성공할 수 있습니다.

아이에게 편지를 쓰게 하고 스스로 생각의 깊이를 만들도록 해 주세요. 사소한 내용이더라도 아이들의 편지는 여러 사람에게 기쁨을 줍니다. 지난 일들을 보내고 새 날이 오면 편지를 쓰고, 생일에도 편지를 쓰고, 받은 편지를 잘 간직하면 아름다운 마음을 가진 아이가 될 것입니다.

말할 때는 제스처도 함께 사용하는 보디 랭귀지 화법을 쓰게 하세요

말을 잘하는 아이는 표정과 손동작은 물론 미소도 동시에 이루어집니다. 그러므로 좋은 표정은 권장하고 좋은 포즈를 가르치고 늘 미소 짓게 해야 합니다. 말을 하는 것과 동시에 손짓이나 표정을 적절하게 사용하면 말하고자 하는 것을 더 정확하게 표현할 수 있음을 알려 주세요.

부정확한 발음이나 부적절한 말씨는 반드시 바로 잡아 주세요

더듬거리거나 발음이 이상하거나 비어, 속어 등을 쓰지 않게 가르치세요. 특히 취약한 발음을 고치고 연음이나 잘

못된 언어 등은 제대로 가르쳐 주세요.

예를 들어 어른들 중에는 '풍지박산' 이라고 말하는 사람들이 있는데, 아이에게 이처럼 틀린 말을 가르쳐서는 안 됩니다. 틀린 말들을 사용하면 신용을 잃게 됩니다.

'풍비박산' 이라고 말하게 하고 한자숙어도 내용과 뜻을 정확히 알려 주도록 하세요. 유식한 말을 알게 하는 것보다는 이해하고 소화하도록 하는 것이 중요합니다.

행복한 부모 밑에서 행복한 가치관이 태어납니다

어른들 중에도 말버릇이 고약하거나 말을 항상 부정적으로 하는 사람들이 많습니다. 그들이 아이들에게 가르치는 모습은 결국 부정적인 모습이 될 것입니다. 비아냥거리고 남을 비하하는 모습이거나, 남에게 핀잔과 괴로움으로 일관하는 어른들이 아이들을 나쁘게 가르치는 것입니다.

불행한 아이들은 어른의 모습에서 각인되는 것입니다. 외로운 아이, 소외받은 아이들은 결국 자신을 방어하기 위하여 말을 함부로 하게 됩니다. 마치 개들이 자신의 두려움이나 무서움을 짖거나 무는 행동으로 표현하는 것과 같습니다.

남을 이해하고 용서하고 배려하는 부모 사이에서 아이들은 성숙하고 사랑하고 마음이 평화로워집니다. 그런 아이가 되기를 우리는 희망하지요.

해야 할 말과 해선 안 되는 말을 그때그때 알려 주세요

친절하고 자상한 말, 항상 기쁘고 즐거운 말과 남을 칭찬하는 말, 이러한 긍정의 말들은 우리에게 사랑과 기쁨을 줍니다. 반면에 버르장머리 없고 고약한 말과 괴로움을 주고 가슴에 비수를 꽂는 말은 듣는 사람에게 엄청난 괴로움과 상처를 주게 됩니다.

말을 잘하는 아이로 키우라는 것은 진실되고 사랑과 희망을 주는 말을 하도록 하라는 것입니다. 작은 말 하나라도 항상 용기가 되는 말을 하라는 것입니다. 우리가 툭 던지는 말들이 타인에게 상처와 괴로움을 주고, 때로 좌절과 실의를 주고 죽음에 이르게 할 수 있다는 것을 알게 해야 합니다. 말은 희망의 메시지입니다. 기쁨의 소리입니다. 용기를 줍니다. 바로 그런 말을 가르쳐야 합니다.

남이 말할 때에 귀를 기울이는 습관을 길러 주세요

우리가 다투는 모든 원인은 자신의 말만 하고 있기 때문입니다. 항상 남의 이야기는 그르고 나의 이야기는 옳다고

생각하고 남의 이야기를 듣지 않습니다. 어른이 된 이후에
도 그러한 행동과 말이 결국 다른 사람에게 상처를 주게 되
고, 결국에는 이혼도 불사하는 등 서슴없는 행동을 하게 되
는 것입니다.

말을 잘 하는 사람이 되려면 남의 이야기도 잘 들어주어
야 합니다. 무조건 남이 말을 못하게 하거나 남의 이야기를
듣지 못하는 사람도 불행한 사람입니다. 그러므로 말이란
언제나 상대적이지요. 말이란 아이들과 어른에게 동일합니
다. 우리가 사는 세상은 말로 아름다워지기도 하고 불행해
지기도 하는 것입니다.

수학을 잘 하는 아이로 키우세요

논리적인 두뇌를 가지면 대화도 잘 풀어낼 수 있습니다.
수학을 잘 가르치면 과학을 추론할 수 있으며 정치 · 경제

이론의 실체도 배우고 회화, 음악, 건축, 문학의 주요한 양
식을 창안하며 우주의 본성에 관한 근본 질문에 대한 답들
을 제공한다는 사실을 알게 됩니다.

수학적 두뇌가 사고와 행동의 조정자 역할을 하고 있다
는 것을 명심해야 합니다. 단순한 기능적 기술로 제시하는
가르침을 말하는 것이 아닙니다. 수학을 잘 하려면 셈하는
기술이 아니라 수학적 두뇌를 키워줘야 하는 것입니다.

바른 걸음걸이가 자녀의 인생을 바로 세워 줍니다

어려서 이상한 걸음걸이로 걷거나 신발을 질질 끌고 다
니는 것, 길거리의 깡통이나 돌을 차고 다니는 습관이 평생
간다는 것을 잊어서는 안 됩니다. 교양과 말은 평생 따라다
니는 것입니다.

제대로 바르게 걷고 항상 바른 모습으로 살게 하는 것은
가르쳐서 되는 것이 아닙니다. 직접 보여 주는 것입니다.
보여 주는 모습처럼 진실한 것이 없기 때문이지요.

침묵도 뛰어난 화술임을 가르쳐 주세요

인간의 사고와 정서와 정확한 표현은 예술적, 종교적,
철학적인 가치가 충분합니다. 물론 말도 해야 할 때는 말을
하고 하지 말아야 할 말은 하지 않도록 해야 합니다. 또한
때로 의젓하게, 때로 분명하게, 때로 과감하게, 때로 정직
하게 표현할 줄 알아야 합니다. 특히 말을 해서는 안 될 때
는 침묵하는 것을 가르쳐야 합니다. 쓸데없는 말을 주워섬
기는 것보다는 침묵하는 것이 더 현명한 방법이 될 때가 있
음을 아이에게 알려 주세요.

하늘의 별자리는 자녀의 꿈을 안내하는 북극성이 될 수 있습니다

하늘에 뜬 별을 단순하게 바라보고 좋아하는 아이와 천체 망원경으로 별자리를 보는 아이는 서로 다르게 성장할 것입니다. 사수자리, 북두칠성, 사자자리 등 많은 계절의 별자리를 보면서 자연의 위대함을 스스로 알게 되고 스스로 생각하게 된다면 그 아이는 큰 사람이 될 수 있을 것이기 때문입니다.

큰 사람은 어떤 곳에서도 인생을 배우고 삶을 익히고 자신의 자리를 굳건하게 지켜나가게 됩니다. 아이에게 하늘의 별자리를 관찰할 수 있는 시간을 마련해 주세요. 다양한 경험을 가진 아이가 풍부한 이야기를 할 수 있는 것입니다.

사소한 말다툼이라도 언쟁이라면 승부 근성을 길러 주세요

어려서 싸움을 할 때는 우격다짐이나 주먹질로 이기는 경우가 있고, 강한 에너지로 사람을 제압하는 경우도 있습니다. 반면에 말을 정확하게 해서 이기는 방법도 있습니다.

흔히 말하는 '말 펀치'가 있는 사람은 함부로 다룰 수 없기 마련입니다. 조리 있게 명확하게, 그리고 확실하게 상대의 아킬레스건을 건드리면서 말다툼에 조금의 감정도 없이 이기게 해야 합니다. 그 길이 바로 성공의 길입니다. 상대에게 강하게 보이는 말은 그 사람의 강한 에너지를 표출하는 것입니다. 다툼이 있을 때 먼저 흥분하지 말고 논리적으로 상황을 파악해야 하며 그것을 말로 차근차근 제시하여야 한다는 점을 알려 주세요. 그리고 무엇보다도 뒤지지 않겠다는 승부근성이 필요하다는 점을 이야기해 주세요. 힘없이 포기해 버리면 어디에서든 자신감을 갖기 어려울 것입니다.

아이들에게 여행은 생각의 넓이를 키워 주는 기회가 됩니다

　어려서부터 해외여행과 배낭여행을 다니면서 각 나라의 풍물을 익히는 것은 한 개인이 성인이 되었을 때까지 결코 무너지지 않는 사상을 간직하게 하는 방법입니다.

　여행을 하게 되면 기쁨에서 슬픔까지 다양한 감정을 느끼게 됩니다. 혼자서 슬픔이나 고독을 이기는 방법은 여러 가지입니다. 마음의 동요나 괴로움, 슬픔이나 외로움을 극복하는 사람이 인생의 승자가 되는 것입니다. 어려서부터 혼자 생각하고 혼자 밥 먹고, 혼자 말하고 걷는 아이의 사고는 누구보다 크게 성장할 수 있습니다. 슬픔을 자제하고 눈물을 극복하는 아이는 성공의 길을 스스로 터득하게 됩니다. 외로운 아이는 다른 아이보다 한 발 앞서가게 됩니다. 어려서부터 아이에게 많은 장소로 여행할 기회를 만들어 주세요. 혼자 다녀올 수 있는 기회를 만들어 줄 수 있다면 더 좋을 것입니다.

리더형 아이로 키우기

51 부모가 먼저 아이를 이끌 줄 아는 어른이 돼야 합니다

아이들이 알고 싶어 하는 모든 것을 알려주는 어른이 되도록 노력해야 합니다. 저것은 무엇이냐고 물으면 아주 자상하게 말하는 어른이 되어야 합니다. 몰라도 된다고 하거나 묵살하는 어른이 되지 않았나 자신을 돌아보세요. 더구나 아이들의 말이라고 무시하고 함부로 말하거나 정확하게 말하지 않으면 아이들은 실망하고 좌절하게 됩니다.

궁금한 것은 무엇이든지 말하게 하세요. 그것이 제일 좋은 방법입니다. 어른이 된다는 것은 양보나 배려가 없는 한 어려운 일입니다. 자녀가 되었든 어린 사람이 되었든 그들의 인격을 이해하고 사랑하는 포근한 어른이 될 때 아이들은 성숙한 인격자로 성장하는 것입니다.

아이들의 장래 희망을 부모의 꿈으로 대신 채우지 마세요

'의사가 돼라, 판사가 돼라, 대통령이 돼라.' 등 고정적이고 세속적인 말로 아이의 장래를 막지 마세요. 만약 공부를 못하거나 말재간이 없는 아이에게 무리한 인생을 요구하는 어른이 있다면, 마치 콩을 심어놓고 팥이 되라는 것과 같습니다.

아이를 유심히 관찰해 보면 그 아이의 특성이 두드러지고 그 아이가 어떤 일에 흥미 있어 하고 잘 하는지 알 수 있습니다. 운동이나 마라톤을 잘 할 수도 있고 남을 웃기는 재주가 있을 수도 있습니다. 때로 그림을 잘 그리는 아이일 수도 있습니다. 음악적인 재주가 뛰어나서 타의 추종을 불허하기도 하지요. 때로 기발한 아이디어로 과학의 개가를 이룰 수도 있는 것입니다. 그러므로 틀에 박힌 어른의 고정관념으로 아이의 발목을 묶어서는 안 됩니다.

기상천외한 상상력을 가진 아이디어 뱅크로 키우세요

말을 하더라도 애드리브가 강하고 웃음을 자아내며 아이디어가 무궁무진하여 사람들 사이에 인기가 있는 아이가 성공합니다. 만유인력의 법칙을 알고 우주를 알고 현미경으로 미세 분자를 들여다 보며 상상력을 키우는 아이가 누구보다 앞서가는 것입니다.

고정된 사고를 가진 채 유학이나 보내면 성공할 것이라는 생각은 버리는 것이 좋을 듯합니다. 또한 종교나 관습 등의 틀에 박히는 어리석은 아이로 만들어서는 안 됩니다. 인간은 무한한 존재라는 것을 인지시켜야 합니다. 항상 기발한 생각과 아이디어를 만들어 내어서 주변을 놀라게 하는 아이가 결국 세상을 지배하게 되리라는 것은 자명한 이치입니다.

54 사용했던 물건은 제자리에 다시 돌려놓도록 하세요

어지럽혀진 방과 목욕탕, 제 자리에 없는 물건들을 그대로 방치하고 가르치지 않는다면 그 아이는 평생 주변을 지저분하게 만든 채로 살 것입니다. 평소에 살고 있는 집이 더러운데 어떻게 사회에 나가서 성공할 수 있겠습니까?

다른 집에 갔다가 지저분한 냉장고와 널려진 옷가지, 때가 낀 세면기를 보는 순간 신뢰성을 상실하게 됩니다. 일하는 사람을 부리고 항상 공주나 왕자처럼 사는 사람도 언젠가는 거지처럼 살아야 할 수도 있습니다.

그러므로 자신의 깨끗함을 스스로 만들어 가야 합니다. 깨끗하다는 것은 옷이나 잘 차려입고 화장만 잘 한다고 되는 일이 아닙니다. 깨끗함은 바로 생활입니다. 머리스타일, 옷차림, 말씨 등 모든 이미지를 의미합니다.

신발을 팽개치고 벗은 옷들을 아무렇게나 던져버린 아이, 숙제도 하지 않는 아이, 목욕탕의 치약과 칫솔도 함부로 놓은 아이가 어른이 되어 무엇을 할 수 있을까요? 아이가 사용했던 물건을 스스로 정리할 수 있도록 가르쳐 줘야 합니다.

또래의 친구들 사이에서 중재자의 역할을 맡게 하세요

대중을 장악하는 사람은 관대한 미소나 아름다운 배려, 관용과 함께 말을 잘함으로써 상대를 감화시키는 사람입니다. 말은 어떻게 사용하는가에 따라서 그 효과가 완전히 다릅니다. 똑같은 말을 하더라도 감동을 주는 사람이 있는가 하면, 놀림감이 될 수도 있고 우습게 보일 수도 있습니다. 말은 사람의 마음을 움직이는 역할자인 것입니다.

싸움이나 분규, 다툼에서도 중재자의 말이 중요합니다. 중재자가 어떤 말을 하느냐에 따라 말은 평화의 시작이기도 하고, 전쟁의 씨앗이 되기도 합니다. 앙심을 품게 하기도 하고, 용서를 하게 하기도 하고 베풂을 주거나 반감을 사기도 하고, 싸우는 사람들이 서로 더는 보지 않게 할 수도 있습니다. 그렇기 때문에 아이는 또래 친구들 사이에서 중재자 역할을 하면서 많은 것을 배울 수 있습니다. 중재자 역할을 하면서 상황에 맞는 말을 적절히 하고 상대방을 설득하는 기술을 배우게 됩니다. 한편으로 사람이 가진 다양

한 감정과 그 변화들에 대해 생각해 볼 수 있는 기회를 갖
게 되고 리더십을 키울 수 있을 것입니다.

56 말할 때에도 지켜야 할 법이 있다는 것을 알려 주세요

어려서부터 해야 할 말과 하지 말아야할 말, 굳이 해서
는 안 될 말을 가르쳐야 합니다. 나이가 들어서 말을 가르
치려면 이 또한 쉬운 일이 아닙니다.

말해야 할 때 말 못하는 사람, 말하지 말아야 할 때 말하
는 사람이 되어서 빈축을 사거나 미움을 받아서는 안 될 것
입니다. 말이란 정말 아름답게 승화해야 하고, 칭찬을 하고
격려를 하는 데 사용해야 합니다. 그런 말들이 아닌 이상
들을 필요도 없고, 들어서도 해서도 안 되는 것임을 아이에
게 알려 주세요.

마음도, 생각도 모두 넓은 아이로 키우세요

우리들의 세상에는 깊은 마음과 넓은 마음을 가진 사람이 드뭅니다. 이것은 한순간에 갖게 되는 마음이 아니므로 어려서부터 차근차근 생각을 가르쳐야 합니다. 하는 일도 깊게, 사람을 만나도 깊게, 인생을 넓게 바라볼 줄 아는 지혜를 바로 아이 때부터 가르쳐야 하는 것입니다. 누구를 만나든지 지혜의 눈과 관용의 자세와 배려의 깊이를 가진다면 아이는 결국 성공할 것입니다.

그런데 부모님들은 어른의 입장에서 아이를 가르칩니다. 부모님이 먼저 넓은 마음을 가지고 아이의 입장에서 가르쳐야 아이들은 진정으로 넓은 마음과 깊은 생각을 이해할 수 있게 됩니다. 꾸준히 책을 읽고 생각나무를 길러가는 것은 어른이 된 이후의 그릇을 키우는 좋은 방법이 될 수 있습니다.

58 돈 쓰는 법을 가르쳐 주세요

돈은 살아가면서 무시할 수 없는 것입니다. 어른이 되어서 돈의 유용성과 가치를 알고 돈을 잘 활용하는 사람으로 만들려면 아이일 때부터 돈을 어떻게 규모 있고 체계적으로 써야 하는지 가르쳐야 합니다. 돈 잘 쓰는 것은 흥청망청 유명상표로 뒤집어씌우라는 말이 아닙니다. 유효적소에 돈을 쓸 줄 아는 사람이 되어야 한다는 것입니다. 어려서부터 돈에 대해 바른 개념을 가지고 있어야 어른이 되어서도 사업이나 부동산, 주식 등에서 뛰어난 재테크 능력을 발휘하며 타인을 리드하는 사람이 될 수 있습니다.

59 상대방을 비꼬거나 함부로 대하는 태도를 고쳐 주세요

말은 중요합니다. 툭툭 던지는 말, 함부로 하는 말, 비아냥거리는 말, 남을 비하하는 말, 욕하는 말, 남을 격하시키는 말, 적의를 가진 말 등 부정적인 말들을 아이에게 가르치면 아이는 성인이 되어서도 부정적이고 나쁜 말에 익숙해져서 자신이 한 말에 대한 책임이나 잘못을 인지하지 못하게 됩니다. 오히려 상대방만을 탓하게 되지요.

그러므로 말을 잘 가르쳐야 합니다. 상대를 비꼬고 깎아내리는 말 대신 "감사합니다. 안녕히 가세요. 대단히 기쁩니다. 당신이 먼저입니다. 훌륭합니다. 최고입니다." 등 자신과 타인의 가치를 높이고 기상을 높이는 희망의 말들을 자주 하게 해 주세요.

추리 소설을 통해 분석력과 상상력을 키워 주세요

아이들에게 추리소설을 권해 주세요. 어려서 상상을 많이 하게 하면 커서는 모든 일에 아이디어가 많아지고 삶이 활기를 띄게 됩니다. 또한 이상적인 일들을 스스로 하게 되며 더 나아가 아이디어맨이 될 수 있습니다.

상상은 가공할 만한 힘을 줍니다. 과학, 음악, 예술과 철학, 심지어는 사람과의 커뮤니케이션까지도 가능하게 합니다. 그런 점에서 상상력을 자극하는 추리 소설은 아이들에게 무한한 꿈을 안겨줄 수 있습니다.

또한 사건을 이성적으로 파헤쳐가는 과정을 지켜보고 스스로 추리를 해 보면서 상황을 분석적으로 받아들이는 훈련도 할 수 있게 됩니다.

회초리보다는 사랑으로 다스리세요

아이가 배워야 할 것은 슬픔이나 좌절, 의심이나 괴로움이 아닙니다. 어차피 크면 많은 것을 배우게 됩니다. 굳이 어려서 공포스러운 일들을 경험하게 하지 마세요.

아이는 쓰다듬고 안아주고 사랑받는 동안 무럭무럭 자

라나게 되어 있습니다. 그런 아이들이 말을 조리 있게 하고 세상을 호령하는 것입니다.

무조건 때리고 잘못을 따지고 그것을 훈계하는 부모가 되면 아이는 이미 부모와는 말하지 않는 아이가 되고 맙니다. 폭력적인 부모는 아이들의 입을 막는 법입니다.

62

자녀를 성(性)으로부터 안전하게 지키려면 자주 대화하세요

아이들이 커 가는 동안 충격적인 성 노출이나 희롱을 당하지 않도록 가까운 주변부터 어른들이 챙겨야 합니다. 마치 등잔불이 어둡다고, 친척, 오빠, 삼촌, 주변 어른, 의붓아버지, 유치원 원장의 폭행 사건 등 인면수심의 이야기를 우리는 많이 알고 있습니다. 그만큼 아이에게도 그 점을 잘 주지시키고, 아이에게 무슨 일이 있는지 자주 대화를 해야 합니다.

좋은 사람과 나쁜 사람을 가르쳐 주세요

단순하게 이 세상에는 좋은 사람과 나쁜 사람이 있다고 가르치는 것이 아니라, 사람은 달라진다는 것을 가르쳐야 합니다. 환경이나 생각에 의하여 달라지는 것을 스스로 억제할 줄 알고 스스로 자제할 줄 아는 사람이 되어야 한다는 것을 가르쳐야 합니다.

아무리 좋은 사람도 범죄자가 되고, 아무리 나쁜 사람도 양심이나 도덕이 있다는 것을 아이들에게 가르쳐 줘야 합니다. 그래서 이분법적인 생각이나 양분적인 생각을 떨쳐 버릴 수 있게 해야 합니다.

아이들의 지성은 성년이 되면 잘 바뀌지 않습니다. 이 세상의 모든 사람은 변화한다는 점을 어렸을 때부터 알려줘야 하겠습니다.

언제 어디서나 나이스한 사람이 되게 하세요

어릴 때부터 몸에 밴 습관이 결국 아이의 장래와 직결됩니다. 나이스하고 쿨해야 한다는 말입니다. 세상의 모든 인연의 관계를 지속시키는 기술을 어려서 가르치지 않으면 안 되는 것입니다.

언제나 밝은 미소, 친절한 생각, 사람과의 관계 형성을 유지하는 비결이 말과 행동 속에 있는 것입니다. 멋있고 우아한 미래는 그 한 개인의 인성에 달려 있습니다.

칭찬, 또 칭찬, 끝없이 칭찬해 주세요

"어머나! 잘했어요. 너무나 멋있어요. 정말 좋아요. 아주 훌륭합니다." 등의 말들이 사람의 마음을 움직입니다. 끊임없이 칭찬을 해 주세요. 아낌없는 칭찬과 사랑을 준 아이는 커서도 말이 거칠지 않고 사람을 이해할 줄 알고 관대해질 것입니다.

고독하고 외로운 아이, 미움 받은 아이는 커서도 같은 모습으로 사람들 속에서 위선과 거짓으로 괴롭게 살아가게 됩니다. 한마디의 말이 커다란 사랑으로 사람을 크게 만든다는 것을 잊지 말아야 합니다.

66 아이의 말에 용기와 희망을 더해 주세요

"잘한다. 그래, 그래."라는 말이 사람에게 용기와 희망을 주고 사랑을 줍니다. 아이에게는 그 사랑의 말이 훗날 큰 영양분이 될 것입니다. "얼씨구절씨구 잘 한다."라는 우리 어른들 말이 교훈처럼 와 닿는 것입니다.

아이가 말을 잘 한다는 것은 어디서나 의지가 강하고 세상을 바라보는 객관성이 커지고 리더로서 통솔력이 있다는 말입니다.

아이는 세상의 둘도 없는 그릇으로 달라질 수 있습니다.
역할은 오로지 부모의 몫인 것입니다.

67 모든 가족 앞에서 10분 발표회를 열어 주세요

부모들도 때로는 스스로 말을 하다가 중언부언, 횡설수설하게 되고 대중 앞에서는 덜덜 떠는 사시나무가 되기도 합니다. 그러나 어릴 때부터 편하게 발표하도록 훈련된 아이는 커서도 발표 공포증이 없습니다.

그래서 말은 중요합니다. 감동의 시리즈를 연출하고 생각에 동요를 만들고 존경하게 되고 우러러 보게 하는 것입니다.

결정적인 말, 그 말을 가르쳐야 합니다. 당연히 핵심적인 말을 잘 하는 아이가 되기 위해서는 지식도 많아야 하고 책도 많이 읽어야 합니다. 그리고 무엇보다 사람들 앞에서 발표할 수 있는 기회를 많이 가져 보는 것이 좋습니다. 모든 가족이 모인 앞에서 아이가 원하는 주제로 10분간 발표하는 시간을 자주 마련해 주세요. 어려서부터 발표하는 훈련을 한 아이는 커서도 다른 사람들 앞에서 떨지 않고 자유롭게 발표를 할 수 있게 될 것입니다.

68 아이가 절도 있는 태도를 취하게 하세요

말을 분명하게 하고 행동을 절도 있게 하고 대인관계의 스킬이 자유로운 사람들 중에는 어려서부터 트레이닝을 거친 사람이 많습니다. 사람들이 쉽게 실수하는 이유는 우유부단하게 행동하거나 단호함이 결여된 어리석음을 가지고 있기 때문입니다. 그리고 그 행동에는 말도 포함되기 마련입니다.

언제든지 결정하면 뒤도 안 돌아보겠다는 의지가 바로

그 사람의 무기가 된다는 점을 아이에게 알려 주세요.

69

속이 깊고 열정적인 외유내강형 아이로 키우세요

겉은 차고 냉정하지만 속은 깊고 남을 따뜻하게 배려하는 사람이 되게 해야 합니다. 사물과 자연을 혼자 바라보면서 사고하는 생각이 있어야 하고, 냉철한 판단력이 있어야 하며 생각에 틀을 만들지 말아야 합니다.

많은 수양과 교육과 지성을 통해 인간적인 모습을 이루어야 합니다. 아이에게는 그러한 자신의 기틀이 될 자연을 자주 접하게 하고, 아이가 책과 함께 혼자 하는 사색을 존중해 줘야 합니다. 겉은 차되 속은 뜨거운 화산, 그 열정이 숱한 감동의 어록을 쏟아 내게 할 것입니다.

결과가 나쁘더라도 중립형보다는 선택형으로 키우세요

아이들이 비굴하게 크거나 기회주의로 눈치를 보면서 성장하면 커서도 조무래기, 시종으로 전락하기 쉽습니다. 리더는 당당하게 말하고 자신의 입장을 분명하게 말합니다. 거짓이나 야합, 사기술에 능하게 될 사람은 만들지 말아야 합니다.

우유부단한 아이는 말할 때에도 자신감이 없습니다. 추진력 있는 리더가 되려면 눈치 보지 말고 확신을 가지고 말해야 합니다.

그러기 위해서는 결단력이 있어야 하고, 설령 그 결과가 기대치에 미치지 못하더라도 과감히 어느 한쪽을 선택하는 사람으로 키워야 합니다.

정정당당하게 Yes, NO! 할 줄 아는 아이로 가르치세요

어려서 아부하고 비굴하게 사는 아이는 커서도 큰 인물이 못됩니다. 비정상적인 방법으로 자신의 목적을 이루려는 태도를 가르치면 어른이 된 후에도 편법의 노예가 됩니다.

어두운 모습, 아첨하는 모습 등을 가르치면 아이는 성공하지 못합니다. 용기와 당당함을 가르치면 커서도 자신의 일에 성공을 하게 됩니다. 말은 절도 있게, 행동은 신뢰감이 가고 신용이 있는 아이로 성장시키는 노력이 필요합니다.

부모의 꿈을 대물림하지 말고, 자녀의 꿈을 인정해 주세요

자녀를 부모의 꿈을 이루는 대리인으로 생각하지 말아

야 합니다. 부모가 가난하다는 이유로 부자가 되라고 강요
하거나 못 배웠다고 공부하라고 윽박지르거나 괴로움을 주
지 말아야 합니다.

아이들은 부담을 주면 줄수록 더 작아집니다. 아이는 자
신이 하고 싶은 일을 하면 성공하는 것입니다. 방종하지 않
는 아이, 부담 주지 않아도 성공하는 아이로 길러야 합니
다. 그리고 아이가 부모와 다른 가치관, 세계관을 가지고
있음을 인정해야 합니다.

트렌드에 민감한 스타일 잡지들과 친하게 만들어 주세요

잡지 속의 인테리어, 패션 정보 등을 보면서 미적인 감
각과 세련된 이미지를 가르치면 아이는 눈에 익은 색깔의
매치를 배우게 됩니다. 그리고 스스로 창조하면서 아름답
게 변하게 됩니다.

굳이 미술학원에 보내고 아이들을 괴롭히면서 그림을 익히는 것이 아니라 생활 속에서 자연스럽게 그 기질과 성향을 습득하게 되는 것입니다.

남의 말을 들을 땐 진지하게 듣는 습관을 길러 주세요

남의 말을 대충 듣다 보면, 나중에 특히 어떤 중요한 약속과 관련되었을 때 자신의 의지와 무관하게 피해를 볼 수도 있습니다. 그렇기 때문에 제대로 이해하고 듣는 사람이 되게 해야 합니다. 남의 말을 곡해하거나 오해하지 않고 정확히 듣고 모르면 질문하게 해야 하는 것입니다.

자신의 생각과 상대가 하는 말은 결코 같을 수가 없습니다. 말을 잘 듣는 것은 방어와 공격을 위해 필수적입니다.

또한 상대방의 말을 정확히 들으면, 왜곡해서 말을 전하는 일도 일어나지 않을 것입니다.

아이 앞에선 유명상표를 멀리 하세요

명예로운 사람들은 유명상표에 연연하지 않습니다. 스스로 그 가치를 알게 하는 것이 중요합니다. 인격이나 지위가 오르면 스스로 명품이 된다는 점을 가르쳐야 하는 것입니다. 말에도 허세가 있고, 분수가 있습니다. 빚을 내서라도 명품 백을 들고 다니는 부모의 모습은 아이에게 허풍만 심어 줄 뿐입니다. 자신의 가치를 아는 진정한 명품족을 만들어야 하겠습니다.

물건을 살 때는 혼자서 고르고, 교환해 보게 하세요

혼자 물건을 사고 잘못 사서 바꾸고 하다 보면 경험이 생겨서 물건을 고르는 안목이 생깁니다. 아이들은 이러한 일들을 통해서 배우고, 그 과정에서 어떻게 말해야 할지를 고민하게 됩니다.

물건을 직접 고르고, 사고, 교환해 보면서 어떻게 말을 해야 난처한 상황에서 벗어날 수 있고, 어떻게 자신의 목적을 달성해야 하는가를 깨닫게 되는 것입니다.

이유가 있는 문자 메시지를 주고받게 하세요

재미로 장난치는 문자가 아니라 필요성 있게, 용도에 맞게 보내는 방법을 알게 되면 아이들은 크게 변화하게 됩니다.

친구들하고 장난문자를 보내거나 실없는 문자를 보내라는 것이 아닙니다. 작은 문구라도 효용성이 있는 글을 보내고 생각을 표현하는 모습을 가르치게 되면 아이들은 어른보다 더 인기를 얻고 신용이 생기게 됩니다.

스트레스는 아이의 표현력을 저하시키는 주범입니다

어른이고 아이고 말이 없어지는 이유는 스트레스 때문입니다. 앞뒤 없이 괴로움을 가지고 그것을 이기지 못하므로 스트레스를 받는 것입니다.

고민이 있는 경우 혼자 여행을 보내, 자신의 생각을 정리하게 하는 것도 좋습니다.

아이들이 인생을 깨치고 이해하면 나중에 어른이 되어도 이겨나갈 재간이 생깁니다. 어떻게 사는 것인가에 대한 당위성을 깨우치고, 말에 의존하지 않고 말에 휘둘리지 않고 말을 하는 아이가 되는 순간 이미 성공한 것입니다. 아이가 스트레스를 받지 않도록 부모님이 세심한 주의를 기울여 줘야 합니다.

79 스피치 습관만큼이나 듣기 습관도 중요하다는 것을 알려 주세요

남의 말을 무시하고 말버릇이 고약하고 성격이 과격하고 무조건 남을 경시하는 건방이 물든 사람도 결국 콤플렉스가 많은 것입니다. 그러한 성격이 되는 이유는 어려서 사랑을 받지 못했기 때문입니다.

때로는 잘 들어 주는 것이 잘 말하는 것보다 더 큰 신뢰감을 보여줄 때가 있습니다. 말을 잘 하는 것은 결국 잘 듣고 긍정의 모습을 보이는 것입니다. 마음을 열고 생각을 열고 항상 귀를 열게 가르쳐야 합니다.

80 무한한 상상력의 바닷속을 헤엄칠 수 있게 해 주세요

아이디어가 넘쳐나고 생각이 기발한 아이들은 남들이

생각하지 못한 문제해결 능력을 소유할 가능성이 큽니다. 자녀의 엉뚱한 행동이나 생각을 꾸짖거나 외면하지 말아야 합니다.

말을 즐겁게 하고 생각을 기발하게 하고 언제나 활기를 주는 역발상의 습관을 길러주세요. 아이들의 생각에는 어른이 상상도 못하는 순수함과 아이디어가 무궁무진하게 담겨 있습니다. 생각이 다른 아이가 평범하게 성장한 아이들의 리더가 될 수 있는 것입니다.

81 초대의 왕으로 만들어 주세요

자녀가 누구를 집으로 부를 때는 가끔 친구 한 명만 초대하는 자리보다는 여러 명을 한꺼번에 다 불러 모이게 하는 것이 좋습니다. 집에서는 친구들도 자연스럽게 자녀의 말에 따르게 되므로 자신 있게 친구들을 리드할 수 있는 분위기가 만들어집니다. 친구들 사이에서 뒷전에 밀려 있던 아이들도 '홈링'이라는 어드밴티지를 등에 업으면 없었던 자신감도 생기게 되는 것입니다.

또한 친구들 사이에서도 인기를 누리게 됩니다. 아이들의 심리는 속살만큼이나 여리고, 단순한 것입니다. 아이의 기(氣)를 세워주면, 아이는 얼마든지 바뀔 수 있습니다.

82 말로 남을 함부로 놀리거나 상처를 주지 않도록 가르치세요

말로 이죽거리거나 장난치고, 비아냥거리거나 인신공격을 하고, 얼굴이나 외모를 가지고 말하는 버릇을 어려서부터 고쳐 주어야 합니다. 나이가 들어서는 그 버릇을 고치기 어렵습니다.

가시가 돋친 언어습관은 리더가 버려야 할 워스트 리스트 No.1입니다.

"얼굴이 왜 그 모양이니? 머리 모양이 꼭 뭐 같아!"라고

말하는 아이들은 커서도 주관적인 시야로 사람을 평가하게
됩니다. 깊이 있는 관찰이 불가능한 것입니다. 개인의 콤플
렉스를 가지고 왈가왈부하는 버릇이 몸에 배어 있다면, 사
회에 진출한 다음에도 결코 인격적인 말을 할 수 없습니다.
모질게 말해서 주변의 신임을 받지 못하고 오히려 미움의
대상이 된다면 책임자의 자리는 꿈도 꿀 수 없습니다. 말은
리더가 갖춰야 할 첫 번째의 덕목이기 때문입니다.

83 말할 때는 가슴과 등을 펴고 편안한 자세로 말하도록 하세요

구부정하게 말하거나 시선이 산만하면 말을 제대로 못
하는 사람으로 보여서 신용불량처럼 힘을 못 쓰게 되는 경
우가 있습니다. 또한 핑계나 대고 말을 두서없이 하고 언제
든지 빠져나갈 구멍만 찾는 사람이 되어서는 안 됩니다.
　리더는 곧 말을 제대로 할 줄 아는 사람이라는 뜻입니

다. 그런 사람이 되려면 어려서 학습된 테크닉과 지식으로, 더 한층 강화된 인격으로 무장해야만 합니다.

시장터나 저자거리의 사람들처럼 말만 무수하게 쏟아져 나오게 하는 그런 사람이 아니라, 말 한마디 한마디가 영혼의 이야기로 감동과 진실이 몸에서 배어 나와야 하는 것입니다.

말할 때는 자세가 언변 못지않게 중요합니다. 말할 때의 표정과 자세가 곧아야만 설득력과 힘을 발휘할 수 있습니다. 리더의 말은 바로 말하는 자세에서 비롯된다고 해도 과언이 아닙니다.

용기와 희망의 성공사례를 직접 체험하도록 해 주세요

"네 힘으로는 어림도 없다. 그만 포기해라." 이런 식의 냉소적 무관심 속에 자란 아이가 커서 무엇이 될 수 있을까요?

리더의 길엔 편안한 잔디밭도 있고, 험난한 자갈길도 있기 마련입니다. 시련이 다가왔을 때 그것을 극복할 용기와 희망을 품는 사람만이 진정한 지도자가 될 수 있습니다 .

자녀가 어떤 일을 노력한 끝에 포기할 상황에 처했을 때 아이 모르게 부모가 나서서 그 일을 해결해 준다면, 그때부터 아이는 절망보다는 희망에 먼저 익숙해질 수 있을 것입니다.

아이에게 희망의 성공사례를 만들어 주는 부모가 되어 주어야 합니다. 희망과 용기의 소중함을 깨닫게 된 아이는 그만큼 강한 리더가 될 수 있습니다.

85 노래나 춤, 기타 또래의 문화에 뒤쳐지지 않게 해 주세요

모르면 알게 하고 못하면 배우게 해야 합니다. 문화적응지수가 높은 아이일수록 친구도 많고 재능도 많은 법입니다.

법이나 도덕성에 어긋난 것이 아니라면 무엇이든 배우게 하세요. 특히 학교 공부 때문에 다른 모든 것들과의 문화적 접촉을 가로 막는 일은 해서는 안 됩니다. 결국에는 이성적 교육보다는 인성적 교육이 승리할 거라는 믿음을 가져야 합니다. 문화적 공감대가 없는 사람은 리더로서의 자질도 뒤쳐질 수밖에 없기 때문입니다.

분별력과 판단력을 가르쳐 주세요

할 말, 못할 말, 해야 할 행동, 하지 말아야 할 행동 등 우리는 매 시간, 분, 초마다 분별과 선택의 과정 속에 살고 있습니다. 세상은 문제풀이를 위한 수치 지능보다 상황판단을 위한 분별 지능을 더 필요로 합니다.

이를 위해 먼저, 말하는 방법을 가르쳐 주어야 합니다. 상대에게 좋은 말을 하는 방법보다는 '상대에게 기분 나쁠 수 있는 말을 어떻게 잘 전달할 것인가?' 가 더 중요합니다.

어떤 말이 치명적일까요? 하지 말아야 할 말은 어떤 것인가요? 우리는 사실 말을 공격이나 방어용 수단으로만 능수능란하게 사용했지 배려나 관용이나 이해의 말로는 잘 쓰지 않고 있습니다.

아이와 친한 친구들보다는 사이가 안 좋은 친구들과 친해질 수 있는 말과 행동을 알려 주어야 합니다. 예를 들면 "너랑 사실 가깝게 지내고 싶었어."라든지 "운동을 참 잘 하는구나." 등의 말이 서로간의 벽을 허물어 주는 말들입니다.

이렇듯 포용의 말과 행동을 통해 아이들은 더 많은 친구와 더 많은 내 편을 만들 수 있습니다.

87 재치와 유머 있는 대응법을 가르쳐 주세요

어떤 돌변하는 상황에서도 기발하고 재치와 유머가 있는 사람, 애드리브에 강한 사람으로 성장하면 그 마음이나 생각이 커지고 항상 긍정적으로 발전될 것입니다. 개그 프로그램도 많이 보고, 연예인의 토크쇼도 많이 시청하게 하세요. 그리고 가끔씩 사회 저명인사들의 토론 등도 경험하게 하면 좋습니다.

유명한 정치 지도자들을 보면 그것을 알 수 있습니다. 그들은 언론과 반대세력의 살벌한 비난에도 언제나 의연하고, 언제나 대응을 합니다. 그들은 제 자리에 서서 화살을 맞는 대나무가 아니라 화살을 피하면서 그 자리를 지켜갈 줄 아는 갈대입니다. 비록 가난해도, 공부를 못해도, 남들보다 뛰어난 재주가 없어도 순간의 재치와 지혜로 내가 못 가진 것을, 가진 자의 능력을 차지할 수가 있는 것입니다.

88 꿈이 많은 꿈부자로 키워 주세요

비행사의 꿈도 실제 실현시키고 카 레이서의 꿈과 골퍼의 꿈도 가르쳐 보세요. 무엇이든지 많은 꿈을 꾸게 하는 것이 좋습니다.

하고 싶은 일이 많은 아이일수록 그만큼 탐구력과 호기심의 반경이 커집니다. 이런 아이는 커서도 큰 인물이 될 확률이 큽니다. 꿈은 아무리 많이 먹어도 충치가 생기거나 비만이 생기지 않습니다.

지금 당장 자녀가 어떤 꿈을 갖고 있는지 물어 보세요. 내 아이가 가진 꿈의 무게가 클수록 내 아이가 누릴 사회적인 지위도 높아질 테니까요.

89 언제 보아도 반갑고 기분 좋은 사람으로 키우세요

"사랑합니다. 감사합니다. 너무나 기쁩니다." "아니, 이렇게 잘하시다니, 놀랐습니다." "참 아름다우십니다. 눈부시게 예쁘군요. 눈이 호수 같습니다."

물론 이것은 아이의 말투는 아닙니다. 하지만 이런 기분 좋은 행동들은 어릴 때부터 몸에 밴 내공이 쌓여야만 가능한 예절과 표현법입니다.

리더는 늘 팀 안에만 머무는 것이 아니라 대외적인 활동도 뒤따릅니다. 비즈니스나 회사 내에서 나를 호감 있게 생각하는 사람들이 많으면 많을수록 리더의 능력은 두 배가 됩니다. 언제든 만나면 즐거운 기분을 주는 사람이 되고 친구들의 기분을 업시켜 주는 표현을 적어도 하루 열 번씩만 한다면 내 아이는 더 이상 외톨박이가 되지 않을 것입니다.

90 자녀에게 아픈 상처를 주는 말들은 깨끗이 지워 버리세요

"너는 바보 천치야, 이런 멍청아. 나쁜 놈, 거지같은 인간아. 미친놈아, 머저리 같은 인간아! 다시는 보지 말자, 재수 없다."

다른 사람의 마음에 상처를 주는 수많은 말들, 함부로

내뱉는 그 말들로 인한 고통과 괴로움을 생각해 본 적이 있으신가요? 우리는 사는 동안 지옥의 아비규환과 같은 말들을 얼마나 많이 하고 있을까요.

알게 모르게, 타인 또는 나의 가족을 향해, 가까운 사랑하는 사람과 이웃에게 치명적이고 괴로운 말들을 던져 오해와 아픔으로 날마다 슬프게 하지 않았는지 돌아보아야 합니다. 특히 그런 말들로 자라나는 아이들의 앞길을 막고 있지 않았나 생각해 보아야 하겠습니다.

91 가족끼리는 챙겨주고 아껴 주도록 하세요

가족 간의 사랑 속에 자란 아이는 프로젝트로 사람을 챙기는 것이 아니라, 사람으로 프로젝트를 성공적으로 이끌어 내는 친화적 리더형이 될 수 있습니다. 가화만사성(家和萬事成)이야말로 세상 어느 곳에서나 필요한 사통팔달의 법칙입니다. 형제, 자매 간의 우애에 늘 관심을 갖고 항상 위안을 주고 가르치도록 노력해야 하겠습니다.

92 가끔씩 패밀리 이벤트로 자녀에게 부엌일 맡겨 주세요

무엇이든지 할 수 있는 아이, 달걀 프라이를 만드는 아이와 라면을 끓일 줄 아는 아이, 혼자 무엇이든지 해결할 줄 아는 아이는 성공할 수 있습니다. 어려움이나 고통은 스스로 감내하기 때문에 훗날 그것이 교훈이 되는 것입니다.

혼자서 감당하기 힘든 일이란 없습니다. 스스로 다치기도 하고 울기도 하면서 인생을 배우게 되는 것입니다. 작은 일도 혼자 못하는 사람과 할 줄 아는 사람은 달라지는 것이 많습니다.

93 마음먹은 것은 끝까지 최선을 다할 수 있도록 도와주세요

무슨 일이든 쉽게 포기하는 아이는 성장한 후에도 그 습관에서 쉽게 벗어나지 못합니다. 결정은 신중하게 하되 선택한 것은 끝까지 결과를 이끌어 내는 것이 리더의 참 모습입니다.

학교성적을 목표로 하든 운동을 목표로 하든 중간에 자포자기하지 않도록 격려하고, 도와주세요. 단 한 번이라도 목표를 이룬 경험이 있는 아이는 그 다음에도 또 다른 목표를 향해 질주할 수가 있지만, 중도에 주저앉은 경험이 있는 아이는 비슷한 상황이 될 때마다 같은 모습을 보이게 됩니다.

94 아이에게 눈높이를 맞추세요

부모의 눈높이에서 아이를 보면 늘 불안하고, 불만족스

럽겠지만 아이들의 세계를 인정해야 합니다. 나이에 맞지 않은 필요 이상의 성숙한 행동을 요구하면, 오히려 아이의 세계에 불균형과 균열이 생길 수도 있습니다. 충분한 영양분과 속이 꽉 찬 성장과정을 거쳐야만 바람에도 흔들리지 않는 거목의 뿌리가 될 수 있습니다.

95 도서관에 가는 습관을 길러 주세요

요즘 어린이 도서관이나 서점들이 많이 들어서고 있습니다. 그런 곳에 아이의 손을 잡고 가세요. 도서관의 수많은 정보와 지식, 책 속에서 인생을 크게 만들 수 있습니다. 책 속에 길이 있다는 말은 절대로 빈 말이 아닙니다.

책을 가까이 하는 아이는 인생에 있어서 가장 든든한 후원자를 얻게 될 것입니다. 세상을 이길 힘의 원천은 책입니다. 잠자리에 들기 전에 책을 읽게 하고 같이 책을 읽고 재우는 어른들이 되면 좋습니다. 아이들은 책 속에서 희망이

생기고 미래도 꿈꾸며, 더구나 말을 잘 하는 데 필요한 기
초적인 지식도 얻게 됩니다.

어드바이스는 주관적이 아니라 객관적으로 하세요

부모나 친형제도 아이의 아픔이나 외로움을 모릅니다.
설혹 어떤 문제에 봉착했을 때 그것을 도와줄 힘은 어디에
도 없습니다. 오로지 들어주는 사람만이 완벽한 카운슬러
입니다. 옷을 입히고 손을 잡고 사랑한다는 느낌을 주는 것
이 바로 어드바이스입니다.

문제를 해결한답시고 그 문제를 어른의 힘으로 제압하
고 부수지 말아야 합니다. 아이들은 아름다운 세계를 볼 줄
알고, 아름답게 살아야 합니다. 어드바이스를 잘못하면 어
른들의 생각만 가득 채울 뿐입니다. 가능하면 아이의 입장

에서 객관적인 어드바이스를 하고, 그 전에 아이의 이야기를 충분히 들어줘야 합니다.

97 아이의 생각과 독자성을 인정해 주세요

여름에 겨울옷을 입어도 야단치지 말고 겨울에 반팔로 다녀도 그것에 대해 말하지 말아 보세요. 독자성은 용기의 또 다른 모습입니다. 주위의 시선을 의식치 않고 자기 생각을 표현하는 아이에게 엄마의 잔소리는 자기 개성을 상실하게 하는 장애물이 될 수 있습니다.

성공은 자신이 만들어 내는 에너지의 결과물입니다. 사회적으로 성공한 사람들은 어린 시절도 독특한 경우가 많습니다. 마치 블랙홀이 작은 별들을 빨아들이듯 거대한 흡입력을 발산케 해야 합니다.

아이들의 표현을 인정하고, 받아들이세요. 그것을 부정

하면 할수록 아이는 무색무취의 어른으로 성장할 뿐입니다. 현대 사회는 똑같은 것보다는 다른 것을 원합니다. 예전엔 튀는 것이 거슬리고 눈치 보이는 일이었지만, 지금은 튀지 않으면 사라지는 시대임을 명심해야 합니다.

98 아이가 슬퍼하는 주말을 보내지 않도록 하세요

주말부부, 맞벌이 부부, 외도하는 부부, 관심이 없는 부부 사이의 아이들은 방치된 것입니다. 그 아이들이 숙제나 스포츠나 그 밖의 아무런 의미 없는 블록을 만지고 있지 않나요?

잠을 자는 부모들 곁에서 아이는 외톨이처럼 살고 있지 않은지 살펴보아야 합니다. 아이들이 슬픈 주말을 보낸다면 어둡고 처량한 아이가 될 것입니다. 평소에 아이와 함께할 시간이 부족한 부모라면 주말은 아이를 위해 할애해 주는 것이 좋습니다. 특별한 일을 하지 않더라도 말할 때는 꼭 눈을 마주치고 안아주고, 기쁨을 주세요. 그것은 아이들의 희망이 커지는 역할이 될 것입니다. 부모가 아이에게 내려준 사랑은 아이의 미래에서 더 빛날 것입니다.

어려서부터 모임과 단체에 가입하게 하세요

아이가 교회나 사찰에 다니는 등 크고 작은 모임의 일원이 되게 하세요. 또한 수영클럽이나 캠프 프로그램에 참여하여 사회성과 더불어 사교성을 키울 수 있게 해 주세요. 리더는 저절로 되는 것이 아니라 훈련되는 것입니다.

바쁘게 움직이고 많은 단체에서 활동하게 되면 그만큼 아이의 대외적인 성장속도 또한 엄청나게 증폭될 것입니다.

여기 저기 약속이 많은 비즈니스형 아이로 키우세요

학교수업을 마치고 늘 숙제나 하고 학원에 다니는 아이와 스케줄이 있는 아이는 다릅니다. 달력에 가득 표시된 친구 생일이나 파티나 모임이 많은 아이와 그렇지 못한 아이는 어른이 된 이후 너무나 달라질 것입니다. 약속이 많다면 인기도 많다는 것이고 친구도 많다는 것입니다. 그리고 그만큼 자신의 인적 네트워크도 넓다고 보아야 합니다.

또한 아이에게 약속이 중요함을 가르치고, 약속을 잘 지킬 수 있도록 가르치는 것도 잊지 말아야 합니다.

재테크형 아이로 키우기

용돈기입장을 쓰게 하세요

용돈을 일주일에 한 번씩 줄 것인지, 한 달에 한 번씩 줄 것인지, 아니면 수시로 줄 것인지 이러한 방법도 생각해야 합니다. 무엇이든지 수시로 주는 것은 바람직하지 않습니다. 돈을 간직하는 버릇도 키우고 때로 아껴 쓰게도 하고 용돈이 모자라 고생하게도 해 보세요. 정확하고 절도 있게 용돈을 쓰는 아이는 커서도 무리한 돈 쓰기를 하지 않을 것입니다. 특히 용돈기입장을 적도록 하는 것은 아이의 경제관념을 키워 주는 데 도움이 됩니다.

아이의 성장과 영양을 챙겨 주세요

아이들이 먹는 사소한 음식, 예를 들면 샌드위치 같은

것들도 함부로 먹게 하지 말아야 합니다. 건강한 몸에 건강한 정신이 깃들고, 열정이 찾아오기 때문입니다.

힘 있고 튼튼한 아이로 키워야 합니다. 다른 아이에게 뒤쳐지지 않는 체력과 신체는 커서도 아이를 콤플렉스로부터 자유롭게 합니다.

물론 외형적인 모습이 전부는 아니지만, 심리적으로 당당하게 만들 수는 있음을 명심해야 합니다.

아이의 표정을 교정해 주세요

눈과 얼굴 표정, 강한 카리스마, 말솜씨가 리더를 만들어 갑니다. 멍청한 눈빛이나 너무 강렬한 눈빛은 마이너스입니다. 시청자들을 사로잡았던 드라마 '주몽'을 보면 그것을 알 수 있습니다. 군사를 통솔할 때나 협상을 할 때 주인공 주몽의 눈빛과 표정은 그 말의 무게에 따라 변합니다.

눈에는 강한 에너지가 흐르고 얼굴은 강한 느낌을 주며
말은 절도 있고 무례하지 않다면 그는 이미 지도자의 자질
을 갖고 있는 사람입니다.

부모님을 배웅하고, 맞이하게 하세요

인사는 인간관계의 기본 중의 기본입니다. 그리고 특히
부모님과 나누는 인사는 중요합니다. 아버지와 어머니가
출근을 하는데도 잠자리에서 꼼짝 않고 있는 아이, 퇴근하
고 들어오시는데도 텔레비전 앞에서 꼼짝도 안 하는 아이
는 인사의 기본을 모르는 것입니다. 일터에서 돌아오시는
부모님을 맞이하면서 아이는 부모님이 자신을 위해 얼마나
고생하시는지 알게 될 것입니다.

시간을 관리하는 법과 시간의 소중함을 알려 주세요

하루 종일 아무 일도 하지 않고 소일하거나 빈둥거리고 낮잠이나 자는 부모와, 남의 눈치나 보고 사기나 치려고 하는 부모 밑에 자란 아이는 역시 그 에너지를 받아 나쁜 쪽으로 나가게 되어 있습니다.

매일 매일 부지런하게 일하고 신문이나 잡지를 읽고 책을 읽으며 대인관계가 원활한 부모의 아이들은 반드시 그 모습대로 자라게 되는 것입니다.

시간의 중요성을 알려주어야 합니다. 시간을 낭비하면서 살찌고 미련한 사람으로 만들지 말아야 합니다. 전화로 노닥거리거나 문자나 보내거나 소일거리가 없어 우두커니 앉아 있게 하지 마세요. 시간은 돌려받는 황금과 같다고 가르쳐야 합니다.

결과보다 과정을 칭찬해 주세요

항상 모든 일에 성공만 하는 것은 아닙니다. 실패도 있고 흐지부지 끝날 수도 있고 성공도 있습니다. 그러나 가장 중요한 것은 과정입니다. 그리고 가장 나쁜 것은 중도에 포기하는 것입니다. 어떤 일이든 결과가 나올 때까지 최선을 다하도록 가르쳐 주세요. 결과에만 너무 집착하다 보면 결과에 대한 두려움 때문에 아예 처음부터 엄두도 못 내고 포기하는 경우가 있을 수 있습니다. 결과보다는 그것을 위해 노력한 과정이 중요함을 알려주고 그것을 칭찬해 주세요.

물고기 파는 마켓보다는 물고기를 잡을 수 있는 바다를 가르쳐 주세요

‘어디서 무엇을 하며 어떻게 살아야 하는가?’ 그 숙제의 답을 주는 것이 바로 ‘물고기 잡는 법’ 이라는 진실한 어구입니다. 현실적으로 살아야 할 가치를 알려주는 것입니다.

아이에게 물고기를 주지 말아야 합니다. 그물을 주고 강가로 데리고 가서 물고기 잡는 방법을 가르쳐 줘야 합니다. 혼자서 헤쳐 나가게 하세요. 물고기 잡는 법이 인생살이입니다.

예의 없는 아이에겐 미래도 없습니다

버릇없는 아이의 책임은 아이가 아니라 어른에게 있습니다. 혹자는 “때리는 건 안 됩니다.”라고 하는데 그것은 아이의 특성을 모르는 바보 부모의 무지한 말입니다. 아이가 고집이 세고 말을 안 들을 때, 아이를 다룰 스킬이 없는 부모는 윽박지르기만 합니다.

아이가 왜 화를 내는지, 왜 고집을 피우는지, 왜 우는지, 요구 사항이 무엇인지 들어주어야 합니다.

그저 "우리 아이는 고집이 세고 말을 안 들어요, 원래 천성이 그를 닮아서 그래요."라고 하는데, 그 말을 듣고 있으면 "바보시군요."라고 대답하고 싶어집니다.

예의는 사람 사이의 유대관계를 위해선 빠질 수 없는 가장 중요한 기본 중의 하나입니다. 아이가 하는 말에 귀를 기울이되 적재적소에 필요한 예의를 꼭 가르쳐 줘야 합니다.

책상 앞에 아이의 꿈을 디스플레이해 주세요

위인의 사진? 아니면 일주일 계획표? 아니면 격언? 이러한 많은 것을 연상하게 하는 책상 앞에서 아이는 인생을 설계하게 될 것입니다. 아이의 상상력을 자극할 수 있는 다양한 것들로 책상을 꾸며 주세요. 또한 책상에 있는 낙서나 일기, 취미 생활 등을 살펴보면 아이가 어떤 생각을 하고 있는지 알 수 있습니다. 관심을 가지고 아이의 책상을 잘 관찰해 보세요. 아이의 꿈이 보일 것입니다.

110

생활은 또래와 같이 하지만, 생각은 또래보다 크게 키우세요

학교에서든지 어디서든지 생각을 깊게 하고 그것을 천천히 피력하게 하고, 다음으로 정확하게 말하게 하고 과감하게 결정짓게 하는 방법을 가르쳐야 합니다.

친구들 사이에서 뭔가 다른 아이, 과감하고 용감한 아이, 생각이 깊은 아이로 두각을 나타내는 것도 중요합니다.

돈은 쉽게 버는 것이 아님을 가르쳐 주세요

어려서부터 자질구레한 과자나 장난감을 사는 아이는 큰 사람이 못 됩니다. 용돈을 먹는 것에 지나치게 할애하는 아이도 마찬가지입니다. 돈이 중요하다는 것과 봉사해야 한다는 것, 그리고 베푸는 마음을 가르쳐야 합니다. 또한 수고하고 힘들게 돈을 벌어야 한다는 것을 알도록 해야 합니다. 쉽게 쉽게 버는 방법이나 남을 이용하는 방법은 나쁘다는 것을 인지하게 해야 합니다.

바른 자세는 자녀의 인생을 반듯하게 만들어 줍니다

차 속에서 시끄럽게 떠들고 안전벨트를 매지 않거나 유

아 시트에 앉지 않는 아이를 야단치지 말고 아예 차에 태우지 마세요. 자세는 그 사람의 현재와 미래를 보여 주는 잣대입니다. 어떤 장소에서든 바른 자세로 생활하는 습관을 가르쳐 주세요. 비뚤어진 자세 때문에 자녀의 인생이 어긋날 수도 있음을 명심해야 합니다.

자녀 앞에서 불법행위를 하지 마세요

어른들은 무심코 아이들 앞에서 사회질서를 어지럽히는 모습들을 보일 때가 종종 있습니다. 예를 들어 무단횡단을 한다든지, 쓰레기를 함부로 버리든지 하는 행동이 바로 그것입니다. 비록 하찮은 행동이라고 생각할 수도 있겠지만, 이러한 부모의 엄연한 양심불량 행위를 보고 자란 아이는 별다른 죄의식 없이 편법과 불법에 물들 수 있습니다.

부모의 뜻대로 학교를 정하지 마세요

어른들 중에는 자신의 콤플렉스를 해결하거나 자랑을 하기 위하여 아이들을 명문 대학에 보내려고 안간힘을 쓰는 사람들이 있습니다. 아이들의 성적이나 능력은 무시한 채로 말입니다. 그러다 보면 명문 대학을 나오는 것을 간판으로 아는 경우처럼 아이들은 은연중에 겉치장에 더 치중하게 됩니다. 생각을 바꿔야 합니다. 자녀가 선택한 학교와 진로, 바로 그것이 명문인 것입니다.

싱글 엄마, 싱글 아빠에겐 균형 잡힌 이성 교육이 필요합니다

일찍 이혼하였거나 사별한 외기러기 부모의 자녀는 외

곯수이며 이성에 관해 편협한 생각을 가지기 쉽습니다.

　어머니가 키운 남자 아이는 성년이 되어서 오히려 이성 친구나 배우자를 미워하고 윽박지르기 쉽습니다. 어머니가 잘못된 여성관과 자신의 비관을 아이에게 심어주었기 때문입니다. 대체로 이혼한 부모를 둔 자녀들이 결혼 후 이혼할 확률이 높은 것도 그러한 이유 때문입니다. 의심이 많고 사람을 곤란에 빠뜨리고 막무가내이며 안하무인인 사람들도 많습니다. 오로지 개인플레이만 아는 아이가 되어서는 안 됩니다. 성공하는 사람으로 키우려면, 먼저 사람들에 대해 친화적이고 사랑스러운 마음을 갖게 만들어야 합니다.

일찍 일어나는 아이에게 기회도 먼저 찾아옵니다

　자명종시계에 의존하지 않더라도 습관적으로 제 시간에

일어나는 아이가 결국 성공합니다.

약속시간에 늦거나 지각을 밥 먹듯 하는 아이에겐 부
(富)도 그만큼 늦게 찾아옵니다. 정해진 시간에 규칙적으로
일어나는 습관을 길러 주세요. 잠의 유혹에 빠지면, 기회는
남이 차지하게 됩니다.

음악이나 미술 등 문화예술과 일촌을 맺게 하세요

미래는 양성형 인간이 그 열쇠를 쥐고 있습니다. 남성이
나 여성 어느 한쪽으로 치우친 정서가 아니라 보다 다양한
크로스 오버형 감수성을 가진 사람이 성공하는 시대가 열
린 것입니다.

성장기에 있는 아이들은 문화적으로 보다 더 폭넓은 감
성과 접촉을 하면서 양성형 인재로 완성되어 갑니다. 시대

에 맞는 성향으로 무장한 사람이 성공하는 것은 당연한 이치입니다.

원하는 물건을 스스로 살 수 있는 셀프형 아이로 키우세요

부모의 경제적 도움이 없이는 불가능한 비싼 가격의 물건이 아니라면, 스스로 용돈을 통해 돈의 쓰임이를 관리하게 하세요.

쉽게 주는 돈은 독이 될 수 있습니다. 무조건 돈으로 환경을 만든 아이와 그렇지 않은 아이는 인성부터 다릅니다. 저축과 돈 관리를 통해 보람과 기쁨을 느끼게 하세요.

119

자녀의 성향 속에 부의 미래가 있습니다

바다를 좋아하는가, 산을 좋아하는가? 음악을 좋아하는가? 보트 타기를 좋아하는가, 배 타기를 좋아하는가? 그 기질과 성향을 알면 부(富)의 방향을 알 수 있습니다. 예를 들어 산을 좋아하는 기질은 스텝 바이 스텝에 강하지만, 바다를 좋아하는 기질은 즉흥적이고 열정적인 사람이 많습니다.

재테크와 관련지어 볼 때, 전자는 저축형에 가깝고 후자는 펀드형에 가까우므로 아이의 성향을 파악하여 그에 맞는 재테크법을 알려 주세요.

120

잃어버린 물건은 쉽게 사주지 마세요

쉴 사이 없이 잃어버리거나 분주하거나 항상 소란스러

운 아이, 이런 아이에겐 물건의 소중함을 알려 주어야 합니다. 물건을 잃어버리는 것이 얼마나 큰 손해인지 깨닫게 하세요. 작은 손해가 없을수록 큰 손해도 적은 법입니다.

곰 인형과 드레스는 사치가 아니라 꿈을 심어 줍니다

어려서 파티에 참석한 아이가 파티를 열 줄 알고 드레스를 가진 아이가 드레스의 주인공이 되는 것입니다. 특히 인형과 곰 인형은 정서를 발달시키고 아이를 유순하게 만듭니다. 지나치지 않는 화려함은 아이에게 사회적 지위의 가치를 알려주고 꿈을 더 많이 심어 줄 수 있습니다.

비가 오기 전에 우산을 준비하는 아이로 키우세요

비가 올 것을 대비하여 우산을 가지고 다니거나, 추위나 바람을 피하려고 겉 스웨터 정도를 작은 가방에 넣고 다니는 지혜를 가르쳐 주세요. 항상 모든 재난이나 재앙으로부터 자신을 구제할 능력도 생기게 될 것입니다. 비가 오는지 눈이 오는지 살펴보지도 않은 채 무책임하게 덜렁 세상 밖으로 나가게 하지 마세요. 준비된 사람이 부(富)를 맞이할 수 있습니다.

자녀를 친구부자(富者)로 키우세요

자녀의 생일에는 물론이고, 가끔씩 자녀의 친구를 초대

하세요. 사탕과 케이크도 준비하고 머시멜로우, 핫 초코와 데코레이션 장식도 하면서 자녀에게 많은 친구가 생길 수 있도록 만들어 주세요.

집으로 친구들을 초대해 본 아이는 자신감도 있고 친밀감도 좋아집니다. 어린 시절에 사귄 친구들은 평생 자녀의 재산이 됩니다.

재활용의 필요성을 알려 주세요

무조건 명품이나 새것만 주장하지 말고 쓰던 물건도 남에게 주고 남의 것도 나에게 필요하다는 것을 가르쳐 주세요. 물건은 망가졌을 경우나 꼭 필요할 때만 구입해야 한다는 점도 가르쳐 주세요. 쓰던 물건도 아끼면 재활용이 가능하다는 것과 우리 주변에 환경이 어려운 불우한 이웃이 있다는 것을 알게 해 주세요.

돈은 쓰기는 쉬워도 벌기는 몇 백배 더 어려운 것임을 항상 가르쳐 줘야 합니다.

새롭고, 낯선 곳으로 이사하는 것도 좋은 교육이 됩니다

채 적응이 안 된 낯선 도시와 동네로 이사를 가는 것도 굳이 나쁜 일만은 아닙니다. 당장에 아이의 학교문제나 생활환경 등이 문제가 될 수는 있겠지만, 아이는 바뀐 환경을 통해서 이전에 경험하지 못했던 것들을 배울 수 있기 때문입니다.

작은 걱정이나 우려 때문에 망설이지 말고, 필요할 때는 언제든지 이사를 가세요. 환경은 아이의 인생을 단련시키는 헬스장과도 같습니다.

어린 아이를 방치해 두지 마세요

어렸을 때부터 고독을 배우게 되면 커서는 사나워지거나 모질게 됩니다. 사람을 경계하고 의심하고 심리적으로 불안해지기도 합니다.

특히 표현에 약한 것도 문제지만, 말을 듣지도 않는 사람이 됩니다. 세상과 벽을 쌓으면, 부(富)와 절대로 인연을 맺을 수 없습니다. 부모가 바쁘다는 핑계로 외로운 아이를 만들지 마세요.

정직하고, 진실된 인간으로 키우세요

아이의 실수는 얼마든지 용서하고 포용하세요. 대신에 거짓말은 절대로 못하게 하세요. 아이의 거짓말은 대부분

두려움에 따른 자기 방어적인 입장에서 비롯됩니다.

하지만 성장한 후에는 남에게 피해를 주는 보다 공격적인 나쁜 술수로 악용될 수 있습니다. 신뢰는 세상을 살아가는 데 있어서 빠질 수 없는 기본입니다. 진실이 가장 빠르고, 안전한 길임을 알려주세요.

크리스마스 같은 기념일에는 절대로 싸우거나 화내지 마세요

많은 부모들이 아이들의 정서와는 무관하게 크리스마스와 같은 즐거운 기념일을 맞이함에도 불구하고 다투고 속이 상해합니다. 하지만 그것은 부모의 이기심에서 비롯된 슬픈 이야기입니다. 1년에 한 번 찾아오는 이런 날은 어른들에겐 비록 빛바랜 기념일이 될 수 있지만, 아이들에겐 기쁨과 사랑, 그리고 기대감으로 가득 찬 날입니다. 기쁜 날에 다 같이 기뻐할 줄 아는 아이가 인생을 풍요롭고 의미 있게 사는 방법도 알게 됩니다.

마음을 주고받는 화목한 가정을 만들어 주세요

아이들이 "아빠!"라고 부르면 언제나 "응!" 하고 대답해 주세요. 항상 이야기를 들어 주세요. 기쁘게 말하세요. 특히 아무리 경제적으로 큰 어려움을 겪고 있다 해도 가정의 화목만은 지켜야 합니다.

힘들고 지쳐도 웃어넘기는 부모를 보고 자란 아이는 나중에도 언제나 희망을 품고 살게 됩니다.

형제자매끼리의 다툼은 상식에 맞게 조율해 주세요

형제자매 간에 다툴 때 무조건 서열로 판단을 하는 경우가 있습니다. 그러나 마땅한 이유 없이 부모로부터 야단을 맞는 아이는 커서도 경우에 맞지 않는 처신을 할 가능성이 큽니다. 무조건 큰 아이 편을 들거나 막내라고 일방적으로 두둔하지 말고, 아이들의 이야기를 들은 뒤에 잘못한 쪽을 적절히 지적해 주세요. 공정한 판단을 하는 부모를 보고 자란 아이는 커서도 상식에 맞고 공정하게 행동하게 됩니다.

이유 없는 모욕을 당했을 때는 참지 않도록 가르치세요

남에게 이유 없이 무시와 모욕을 당하거나 들을 때는 참지 말라고 가르치세요. 풍요로운 인생을 누리기 위해서는 부당한 희생이 없어야 합니다. 현실감이 없는 종교적 훈화는 오히려 무기력한 사람으로 성장하게 만들 수 있습니다. 자신의 권리를 스스로 지킬 수 있는 아이로 키워야 합니다. 자신의 권리를 타인이 지켜 줄 수 없다는 점도 주지시키세요.

아이들은 물과 햇빛을 필요로 하는 어린 묘목입니다

아이들은 작고 약하고 쉽게 좌절할 수 있습니다. 말을 조심해서 하고 항상 돌봐 주어야 합니다. 아픔도 어른보다 많고 부모 모르게 겪는 일들도 많습니다.

부모의 존재가 필요할 때 도움을 받지 못하는 아이는 패

배주의에 빠지기 쉽고, 의지력 또한 약해지기 쉽습니다.

아이를 강하게 키운다는 의미는 혼자 내버려 둔다는 의미가 아니라 따뜻한 조력자의 역할을 해 주어야 한다는 말입니다. 아이가 훗날 스스로 독립했을 때 어린 시절에 배웠던 수많은 배려와 조언에 힘입어 삶을 더욱 지혜롭게 헤쳐 나갈 수 있도록 만들어 주는 것입니다.

인생의 지혜는 학습에 의해 얻어지는 것입니다. 그리고 인생의 풍요는 바로, 어릴 때부터 배워온 지혜에 의해 채워집니다.

다섯 개의 태양을 볼 수 있도록 마음의 눈을 뜨게 해 주세요

뜨는 태양, 지는 태양 등 다양한 각도의 태양을 보게 하는 것은 아이에게 성숙한 마음을 가지게 합니다.

더운 여름, 추운 겨울, 바닷가, 강가의 태양은 전부 다릅니다. 그러나 알려주지는 마세요. 말로 해 주면 안 됩니다. 혼자 느끼고 판단하게 하세요. 많은 것을 배우게 될 것입니다. 아름다운 태양을 바라보며 마음의 눈을 뜬 아이는 더 큰 인내심과 마음을 익히고 폭이 깊고 넓은 사람으로 살게 될 것입니다.

자신의 불만을 자녀에게 분풀이하지 마세요

흔히 많은 부모들이 가정을 스트레스 해소의 대상쯤으로 생각하는 일이 종종 있습니다. 물론 가정을 통해 기운을 재충전하고 삶의 활력을 얻는다면 다행스런 일입니다. 하지만 아이들에 대한 잔소리와 가정폭력으로 이어지는 경우에는 아이의 인생에 심각한 영향을 미치게 됩니다.

인생은 자기의 몫입니다. 불행이든 행복이든 자신이 만들어낸 작품입다. 자신의 과오로 인한 욕구불만을 아이에게 푼다면, 자녀들 역시 그런 어리석은 방법으로 감정을 배출하게 될 것입니다.

부모의 문제는 부모가 스스로 해결하는 모습을 자녀에게 보여 주세요. 부자의 조건 중에는 '절대 남의 탓을 하지 말라.' 라는 말이 있음을 명심해야 합니다.

영화는 자녀의 꿈을 키우는 인큐베이터입니다

영화는 이미지의 강렬함으로 인해 자녀의 기억 속에 그만큼 큰 잔상을 심어 줍니다. 특히 역사적으로 유명한 인물이 주인공으로 등장하는 영화는 한창 성장기에 있는 아이들에게 꿈과 희망의 메신저가 될 수 있습니다.

어린 시절엔 누구나 한번쯤 영웅을 꿈꿉니다. 위인전이 아이들 사이에서 인기를 끄는 것도 그들의 무용담과 삶을 통해 아이들도 또한 속으로는 위인들과 동일한 의지를 품기 때문입니다.

1시간 40분에 지나지 않는 한 편의 영화가 훗날, 자녀의 미래를 위대한 드라마로 만들 수 있습니다.

어디를 가든지 책과 동행하게 하세요

비행기를 타든지, 기차를 타든지, 자동차를 타든지 아이에게 책을 사주고 읽게 하세요. 설령 책장을 두 장만 넘기고 덮더라도 책을 가까이 하게 하는 것이 좋습니다.

책은 지식과 지혜의 샘입니다. 부모에게서 받을 수 없고, 선생님이 줄 수 없는 창의력과 사고력을 개발해 주는 발전소입니다.

책을 가까이 하면 할수록 지식을 통해 세상을 남들보다
먼저 받아들일 수 있고, 인생을 먼저 준비하게 됩니다.

그림이나 퍼즐은 혼자 완성하게 하세요

블록 쌓기를 하든지, 색종이 접기를 하든지, 그림을 그
리든지, 피아노 레슨을 받든지 스스로 마무리를 짓게 하세
요. 어려운 일일수록 자신이 이기고 견디고 버텨야 한다는
것을 배우게 해야 합니다.

아이는 혼자서 일을 마무리 지으면서 승리감을 만끽하
게 됩니다. 어른들은 어려운 수학공식으로 푼 문제가 정답
이 될 때 느껴지는 희열감이 어떤 것인지 잘 알고 있을 것
입니다. 그 행복감을 빼앗지 말아야 합니다. 부자가 된 사
람들은 절대로 쉽게 포기하는 법이 없음을 생각해야 합니

다. 또한 성취감을 어려서 배우게 되면 반드시 책임감이 강
한 어른으로 성장하게 됩니다.

이유 없이 친구나 가까운 사람을 비방하지 않도록 주의를 주세요

어린 아이일수록 질투심이 많습니다. 하지만 이것은 애
정에 대한 반발심이기 때문에 귀여운 투정거리 정도로 봐
줄 수 있습니다.

대신 부모의 입장에서는 감정의 옥석을 가릴 줄 알아야
합니다. 자녀가 친구에 대해 어떤 평가를 할 때도 마찬가지
입니다. 자기와 친했던 친구가 다른 친구와 단짝이 되었다
고 해서 무조건 그 친구를 비방하고, 헐뜯는 것은 잘못된
일임을 알려줘야 합니다.

그럴 때는 비록 나와 친한 친구라 할지라도 다른 누구와

도 사귈 수 있다는 사실을 인식시켜야 합니다.

이유 없는 음해는 인간관계를 파괴하는 지름길입니다. 부자에겐 적이 없습니다. 그의 주변 사람 모두가 가장 훌륭한 자원이자, 부의 원천인 것입니다.

자신의 이익에 맞지 않는다고 해서 가까운 사람들을 헐뜯지 못하게 하세요. 공정한 평가의 잣대를 부모가 제시를 해 줘야 합니다. 옥석을 가릴 줄 아는 현명함을 가르쳐 주세요.

자녀에게 결정권과 선택권을 맡겨 보세요

예를 들어 휴일에 가족들이 야외로 나갈 때 자녀에게 선택권을 줘 보세요. 그리고 자녀가 원하는 곳에 다녀와서 가족들이 느낀 점을 말해 주세요. 이런 일들이 반복되면 다음에 의사결정을 할 때는 가족의견이 반영되어 차츰 개인적인 선택에서 공동을 위한 선택을 하게 될 것입니다.

'이래라, 저래라, 무엇은 어떻게 해라.' 등등 부모들은 대부분 자신의 의견만을 고집합니다. 결단력이 결핍되거나 혹은 무기력증에 빠지면 자녀의 부(富) 또한 타인에게 종속되고 맙니다.

반대로 스스로 하는 선택과 결정에 익숙한 아이들은 어른이 되어서도 탁월한 리더십을 발휘하고 현명한 선택을 할 수 있게 됩니다.

자녀의 장점에 도취되지 말고, 결정적 단점을 보완해 주세요

"우리 아이는 공부를 잘하고, 얌전하고, 책만 읽어요. 우리 아이는 천재예요." 아이가 무언가를 잘 하는 모습을 보는 것은 부모에게 큰 기쁨이 됩니다. 하지만 그러한 천편일률적인 자랑을 하기 전에 내 아이의 취약점이 무엇인지 인지하는 편이 더 중요합니다.

　물론 자녀가 상을 받는다는 것은 기쁜 일입니다. 하지만 그것이 아이의 인생을 성공으로 이끌어 주는 보증수표는 될 수 없습니다. 오히려 가장 못하는 분야를 제대로 파악하고 더 보강시키는 데 주력해야 합니다. 아이의 단점을 객관적으로 파악하여 보완해 주면 아이는 더 경쟁력 있는 어른으로 성장할 수 있을 것입니다.

전시용 교육보다는 참교육을 시키세요

　아이를 특별하게 키우고 싶다는 마음은 모든 부모가 가질 것입니다. 하지만 남에게 보여 주기 위해 하면 오히려 역효과가 납니다. 재능이란 타고 나는 부분도 있지만 환경의 영향을 받아서 더 크게 될 수도 있습니다. 또한 아이들은 무서울 정도로 성숙도가 빠르고 지식의 습득이 남다르게 앞서갑니다. 남에게 과시하기 위해 억지로 아이를 학원에 보내거나 공부를 시켜서는 안 됩니다. 아이의 재능을 살려 주고, 아이가 원하는 것을 할 수 있도록 해야 자신이 가진 재능을 더 크게 발휘하게 됩니다.

독립적인 생활을 경험할 수 있게 하세요

밤을 무서워하고 공포를 견디지 못하면 큰일을 하지 못합니다. 대범하고 큰 사람으로 만들려면 혼자 자도록 부모가 집을 비우기도 하고, 여행도 보내고 마음을 단단히 먹는 캠프에 참가하게도 해야 합니다.

아이들은 의외로 용감하게 변하고 자신감이 생길 것입니다. 육군학교나 선비학교, 비행학교 등 다양한 커리큘럼을 준비해서 아이에게 선사해 보세요. 그곳에서 아이는 미래를 스스로 만들어나갈 것입니다.

약속을 했더라도 무작정 기다리지 않게 하세요

너무 늦은 오더나 약속을 미련하게 기다리지 말고 돌아오게 하세요. 만약 어떤 장소에 나가서 30분이 지나도 사람이 오지 않거나 음식이 나오지 않는다면 그것은 이미 파기해도 무방한 것입니다. 단, 연락이 왔다면 조금 더 기다리려야 한다는 점도 알려 주세요.

습관적으로 약속을 자주 파기하는 사람은 기회주의자이거나 무책임한 사람일 가능성이 큽니다. 더 좋은 약속을 위하여 이전의 약속을 깬 것이거나 늦잠을 자거나 쉽게 약속을 잊는 사람일 수도 있습니다. 약속 시간을 지키는 것도 중요하지만, 상대방이 적절한 시간이 지나도록 약속을 지키지 않았을 때는 시간을 낭비하지 말고 돌아오도록 알려 주세요.

자녀에게 받는 즐거움을 선물해 주세요

꼭 거창한 선물일 필요는 없습니다. 이벤트가 없다면 내기라도 해서 선물을 줘 보세요. 작은 선물을 자주 받으며 성장하면 아이는 반대로 타인에게 베풀기를 좋아하고 선물하기를 좋아하게 됩니다. 작은 것이라도 나누는 즐거움을 아이가 배울 수 있도록 해 주세요. 주변에 있는 사람들에게 작은 선물을 베푸는 생활을 하면 자신도 모르는 사이에 많은 사람들을 든든한 재산으로 가지게 될 것입니다.

컬러 마인드를 키워 주세요

색감이 뛰어나면 미적인 감각도 뛰어납니다. 어려서부터 색에 대한 감각을 익히게 해 주세요. 아이들은 생각을 그림으로 그립니다. 더 나아가 상상력이 풍부해져서 멋진 꿈의 디자이너가 되는 것입니다.

아이가 그림을 그릴 때 어떤 색을 섞는지, 어떤 감각이 있는지 살펴볼 필요성이 있습니다. 노란색, 파란색, 하늘색 등 색을 매치시키는 감각을 살펴보세요.

자녀의 두뇌를 깨워 주세요.

아이들은 무엇이든지 가르치면 따라합니다. 더구나 말은 생각을 지배하는 것입니다. 말을 못하면 그만큼 생각도 끄집어 내지 못합니다. 어른 중에는 말을 잘 안하고 점잖은 아이가 속이 깊다고 하는 사람이 있는데, 실제로는 말을 잘 못하는 아이와 잘하는 아이를 비교분석하면 많은 부분에서 말을 잘 못하는 아이의 두뇌가 늦고 생각이 짧다는 것을 알게 됩니다.

무엇인가 기억하고 말할 때마다 박수를 치고 칭찬해 주세요. 아마도 그 자랑스러움이 오래 갈 것입니다. 아이는 어른과 다른 기억력을 가지고 있습니다. 그것을 잘 활용하면 대단한 아이로 자라게 될 것입니다.

편안한 잠자리를 만들어 주세요

베개와 시트, 이불은 가볍고 포근한 것을 주세요. 특히 베개는 여러 개를 주고 발에도 가슴에도 안고 자면서 늘 포근함을 간직하게 해 주세요.

아이는 잠자리가 편하면 늘 편안한 생각을 갖게 됩니다. 베개를 끼고 잔다고 야단치지 마세요. 정서적으로는 상당히 좋은 환경으로 자라는 것입니다. 그것은 마치 애완동물을 키우는 것처럼 정서를 안정시키는 효과를 가지고 있습니다.

무한 센스를 키워 주세요

아이들 중에는 눈치코치 없이 맹한데다 살만 쪄서 둔해 보이고, 매일 먹기만 하고 텔레비전 앞에 앉아 멍하니 하루 종일 만화를 보는 아이가 있습니다. 반면 예민하고 총명하여 어른의 생각을 읽을 수 있는 아이가 있습니다. 이는 바로 에너지가 어떻게 흐르는지 알려주는 결과입니다. 눈치가 있고 감각이 있고 센스가 있다면 어디서든지 환영받는 사랑스러운 아이가 될 것입니다.

자녀의 상상머리를 키워 주세요

다른 부모들처럼 제3자의 입장이 되어서 이야기를 듣고 화제를 이끌어 보세요. "비밀이 뭐니? 그 상자엔 뭐가 들어

갔니?” 등으로 아이에게 관심을 보이는 것도 좋습니다.

아이의 방에 가서 생각을 읽을 수 있는 책을 살펴보고 장난감과 주고받는 말을 들어 주세요. “예를 들어봐.”라고 재미있다고 응수해 보세요. 아이들은 무척 달라질 것입니다.

자유로운 체험활동을 하게 해 주세요

학교에서 배울 수 없는 다른 일들에 아이들은 관심을 가집니다. 주말 별장이나 도자기 굽기, 쿠키 만들기, 내 밭에 상추 심기 등 다양한 정보와 지식을 주세요. 스스로 체험학습을 통해 아이들이 넓은 세계에서 바라보게 해 주세요. 들판에서 생각을 하는 아이와 답답한 작은 아파트에서 생각하는 아이와는 전혀 다르게 성장할 것입니다.

인생필수교육 **4**

휴먼형 아이로 키우기

여유와 휴식을 아는 아이로 키워 주세요

아이들과 여행을 자주 다니는 이상적인 부모는 몇이나 될까요? 돈에 혈안이 되어 앞만 보고 일만 하는 모습들이 아이에게 비춰지면 아이는 여유로운 마음을 잃게 되고, 꿈이나 희망조차 잃을 수 있습니다.

무조건 더우면 바다나 수영장으로 떠나서 마음껏 놀게 하세요. 여유가 바로 인생을 만드는 것입니다. 사람들은 진정한 휴식을 아는 사람에게 손을 내밀게 됩니다.

자녀가 원하는 취미를 갖도록 해 주세요

자신이 하고 싶은 연극이나 농구나 수영장 등으로 선택하게 해 주세요. 기능이나 기술을 익히는 것은 어른이 되면 다 잊힙니다. 그러나 어려서 하고 싶은 일을 한 아이들은 어른이 된 이후 몰라보게 달라집니다.

하물며 아르바이트를 하는 것도 그 아이가 원하면 하게 해 주세요. 또한 무엇이든지 의사 결정을 하도록 민주적인 생각을 하게 키워야 합니다. 아이가 학교수업을 마치고 갈 곳 없이 배회하면 정말로 많은 것을 배울 수 있는 교육의 장을 잃는 것입니다.

진화형 인간으로 키우세요

현대사회는 나노혁명의 사회입니다. 정수기나 가전이나 일반 화장품을 막무가내로 쓰는 게 아닌 것처럼, 사람의 두뇌도 나노형(形)으로 진화되어야 합니다. 잘게, 잘게 더 높게, 높게 또는 더 세밀하게 분석해야만 하는 것입니다. 학원이나 선생님이 아이들의 지능을 높이는 것이 아닙니다. 스스로 진화해 나갈 수 있도록 마인드를 바꿔 주어야 합니다.

　구태의연한 어른들의 생각으로 아이들의 두뇌를 아날로 그화 해서는 안 됩니다. 뭔가 다른 생각, 기발한 이야기, 넘치는 끼 등을 가진 아이들은 나노의 시대에 적합한 인물이 될 것이 자명합니다. ‘무엇을 가르쳐야 할까?’ 하는 고민보다는 ‘어떻게 특성을 살려 줄까?’ 를 고민하는 부모가 되어야 합니다.

이색적인 기념일을 만들어 주세요

　우리 아이만을 위한 특별하고 이색적인 기념일을 만들어 보세요. 새 친구를 만든 날, 책을 끝까지 다 읽은 날 등 다양한 주제로 여러 가지 기념일을 만들 수 있습니다. 잔치가 아니더라도 작은 카드나 사랑의 선물을 간직하게 하는 마음을 키우면 그 아이는 ‘감사’ 라는 것을 알게 됩니다.

스스로 밥을 먹게 하세요

아이가 돌이 지나 하루 세끼 밥을 제대로 먹게 되면 식습관을 가르쳐 주세요. 아이들에게는 엄격한 식사 예절보다는 즐거운 마음으로 식사를 하는 것, 그리고 다른 사람의 식사를 방해하지 않는 것이 1단계 목표입니다. 아기가 혼자서 숟가락을 잡고 먹으면 이제 먹여주기는 그만해도 됩니다.

특히 아이를 쫓아다니며 먹이는 것은 정말 좋지 않은 습관입니다. 밥은 식탁에서만 주고 아이가 먹지 않을 때는 미련 없이 치워버리세요. 어른들도 마찬가지이지만 아기들에게도 심리적인 식욕이라는 것이 있어서 아기가 밥을 먹기 싫어할 경우에 억지로 강요하면 아기는 더욱 식욕이 떨어져 정말 잘 안 먹는 아이가 될 수 있습니다.

주말엔 잠꾸러기로 키우세요

일요일이나 학교에 가지 않는 토요일에는 가끔 자고 싶은 만큼 자도록 해 보세요. 곤하게 잠으로써 충분한 휴식을 가질 수 있습니다. 잠을 충분히 잔 다음 주는 행복해지고 피곤하지 않을 것입니다. 주말에도 공부를 하라고 하거나 부모님의 일을 돕는 것으로 혹사시키지 마세요. 아이들은 쉽게 포기하고 좌절하고 절망할지도 모릅니다.

인생의 진로를 미리 준비하게 해 주세요

과학자가 될 아이와 수학자 또는 예체능의 감각을 가진 아이는 학습으로 만들어지는 것이 아닙니다. 아이들은 어려서 타고난 끼나 재주가 반드시 있기 마련입니다.

아무런 재주가 없다고 야단치지 마세요. 아이들은 대학 학과 선택을 잘 함으로써 오히려 안정을 찾기도 합니다. 어떤 일을 할 것인가 몇 년 전부터 눈 여겨 보도록 해 주세요. 그리고 결정은 스스로에게 맡겨 두세요.

소지품을 미리 챙겨 두세요

아이들은 땀을 흘리거나 옷을 버릴 때가 많습니다. 어떤 경우든지 양말, 속옷, 또는 스웨터 정도는 준비하세요. 친구들과 놀다가 옷을 버릴 수도 있습니다.

아이에게 갑자기 어떤 일이 닥쳐서 여분의 준비물이 필요할 수 있음을 알아야 합니다.

자녀의 친한 친구를 기억하세요

너무 뒤떨어지거나 너무 잘난 친구보다는 비슷한 친구가 좋습니다. 절친한 친구가 5명 정도는 되어 항상 즐겁게 살 수 있도록 유도해 주세요. 같은 서클활동을 하는 것도 좋고 종교단체의 활동이나 봉사 활동도 좋습니다. 아이들은 공통 화제가 있으면 금방 친해집니다.

그런데 부모들이 자신의 친구와 친한 경우에는 아이가 친구와 멀어질 수도 있습니다. 부모들은 아이의 친구에게 인사 정도만 하는 것이 좋습니다.

얌전히 앉아서 식사를 하도록 알려 주세요

아이에게 식사란 제 자리에 얌전히 앉아서 먹는 것이고

식사가 끝났어도 여기 저기 마구 떠들며 뛰어다니면서 다른 사람의 식사를 방해하거나 다른 사람들의 마음을 불쾌하게 만드는 일이 없도록 해야 한다는 것을 교육시켜야 합니다.

또 식사는 감사한 마음으로 하되 음식투정을 하거나 편식을 하지 않도록 하는 것도 식사 예절 중의 하나입니다. 가족들의 수저 놓기 등 엄마가 식사 준비하는 것을 돕고 식사 후에는 자기가 먹은 빈 그릇은 설거지통에 넣는 습관도 가르쳐 주어야 합니다.

젊은 부모일수록 자녀교육에 신경 쓰세요

관대함, 여유로움, 속이 깊은 부모가 될 조건이 부족한 어린 나이에 덜컥 아이를 낳았거나 학력이 낮거나 지나치게 가난한 조건이라면 조심해야 할 것이 많습니다.

특히 정상적인 결혼이 아니라면 더욱 그렇습니다. 아이

들은 너무 어린 부모를 이해하지 못할 수도 있습니다. 철없
는 부모를 만나 고생하면 나중에 아이가 아버지처럼, 어머
니처럼 될 수도 있습니다. 부모님이 먼저 아이의 교육에 관
심을 가지는 좋은 부모가 되도록 해야 합니다.

약국이나 세탁소에 혼자 가게 하세요

아이 스스로 할 수 있는 일들에 관해서 생각해야 합니
다. 약국이나 세탁소에 갈 정도로 의사가 분명하고 정확하
면 이제 아이가 스스로 하도록 해야 합니다. 약국이나 세탁
소 같은 장소에 스스로 가보도록 심부름을 시키는 것도 좋
습니다. 돈을 주고받는 것을 배우고 아픔이나 고통이나 재
활용도 배우게 하는 것이 좋습니다. 그렇게 하면 어디서든
양지와 그늘이 존재한다는 점도 자연스럽게 알게 됩니다.

긴급한 상황에 대처하는 방법을 알려 주세요

살아가다 보면 혼자 목욕탕에 갇힌다든지, 낯선 사람이 방문한다든지 하는 긴급한 상황이 생기기 마련입니다. 그런 때는 마치 영화 〈나 홀로 집에서〉처럼 위기의 상황을 극복할 능력을 만들어 주어야 합니다.

아이들은 연약하지만 오히려 대범하고 슬기로울 수 있습니다. '누가 다치면 어디에 전화를 하는가? 갑자기 열이 나면 어떻게 해야 하는가? 옷을 완전히 벗어야 옳은가? 많이 더 입어야 하는가?' 등으로 생각을 끄집어내고, 불이 나면 어디로 피해야 하고 지진이 일어나면 어떻게 대처하는가 등 위급한 상황에 대한 대처법을 가르쳐 주세요.

아이의 작은 실수에 관대해지세요

아이들은 신발을 잘못 신거나 바지를 뒤집어 입기도 하고, 벨트가 풀려서 속옷이 보이기도 합니다. 그럴 때 어른이 핀잔을 주거나 괴롭히고 깔깔 웃고 놀리면 아이는 많은 좌절을 하게 됩니다. 실수를 보았을 때는 감싸주고 이해하고 용서하고 배려해 주세요. 아이는 어립니다. 어른들만큼 살지도 못했습니다. 그런 아이들에게 어른과 같은 기대를 해서는 안 됩니다. 실수를 하는 것이 당연하므로 천천히 배워서 나아지도록 해야 합니다.

자녀에게도 명함을 만들어 주세요

네임 카드를 만들어 사진도 넣고 자신감 있는 말 한마디도 써 주세요. 아이들을 초대할 때도 네임 카드를 주고 어른들처럼 서로 주고받게 하세요. 작은 시작이지만 아이에게 비즈니스 마인드를 심어 줄 수 있습니다.

자신의 이름을 주는 명예를 가진 아이로 만들어 줘야 합니다. "나는 이런 사람이다. 여기에 살고 전화번호는 이것이다."라고 당당하게 말하도록 알려 주세요.

아이가 불평을 할 때 귀를 여세요

"오늘 학교에서 선생님이 나를 야단치셨어. 그런데 내가 잘못한 것이 아니고 다른 애가 떠들었는데 나를 지목한 거야. 어떻게 이런 일이 있어요?"라고 아이는 불평을 말할 것입니다. 그 불평이 타당한 것이면 같이 동조해 주고 그렇지 못한 경우라면 타이르거나 이해를 시키는 것이 가장 좋습니다.

"우리가 세상을 살다 보면 말이야, 나와 생각이나 뜻이

다른 사람과 일을 만나게 된단다. 그럴수록 이해하고 생각
해 봐야 하는 거야.”

'항상 내가 옳은 것이 아니다' 라는 생각을 가지고 있어
야 하며, 일방적인 판단은 금물이라는 것도 알려주어야 하
겠습니다.

밥을 먹으며 문화를 알려 주세요

항상 아이들은 저녁을 굶고 게임에 빠지거나 프라이드
치킨으로 때우길 좋아합니다. 피자를 즐겨 먹을 수도 있습
니다. 패스트푸드가 주식이 되면 살이 찌게 됩니다. 그런
류의 음식은 간식으로만 먹게 하세요.

그리고 아이들이 밥을 먹으면서 생각하게 하세요. 일본
인들이 그릇을 들고 밥을 먹는 이유는 사무라이가 눈을 마
주치는 것이 결례라고 생각했기 때문이라는 이야기를 해

쥐 보세요. 일본에서는 밥그릇을 내려놓으면 '이누(개)'라고 야유를 하지만, 한국에서는 밥그릇을 들고 먹으면 상놈이라고 욕했다고 가르쳐 줘 보세요. 나라마다 다른 문화, 밥 먹는 습관이 다른 것을 이야기해 주면 아이는 나와 다른 사람들을 더 이해하게 될 것입니다.

거울왕자, 거울공주로 키우세요

한껏 멋을 내는 아이를 보면 부모 역시 행복에 젖을 것입니다. 사진을 찍기 위해 일시적으로 드레스나 턱시도를 입는 게 아니라 일상에서 파티를 즐기고 사람들과 어울리는 그런 생활을 만들어 주세요.

몇 년 전에 한 남자의 가족사진을 본 적이 있습니다. 부부불화가 심한 와중에도 유치원에 보내야 하는 사진을 위하여 가족사진을 찍은 것이었습니다. 그 속에서는 특히 아들과 딸의 양복과 드레스가 그 가족의 허영심을 드러내는 것 같아 보였습니다. 매일 다투고 외국에 가니, 이혼을 하니 말하면서 사진 속에서는 남들에게 보이기 위하여 웃는 어색한 모습이었습니다.

그런 것은 멋이 아닙니다. 활짝 웃는 진실한 얼굴로 아이들이 거울을 볼 수 있도록 해야 합니다. 자신의 아름다운 모습을 진심으로 즐길 수 있도록 해 줘야 합니다.

급할수록 자녀에겐 여유를 가지세요

전화만 받는 아버지, 친구만 만나는 어머니 등 가정을 등한시하는 사람들이 있습니다. 시간이 없다고 아이들의 사소한 약속도 무시하고 못 들은 척 하는 어른들도 있습니다.

그런 부모에게서 자란 아이는 마찬가지로 무례한 사람으로 성장할 가능성이 큽니다. 자신이 사랑하는 여성 앞에

서 다른 사람과 전화만 하다가 절교 선언을 들을지도 모릅
니다. 보고 배운 것이 그것뿐이기 때문입니다. 따라서 아이
에게는 항상 여유 있는 모습을 보여 주는 것이 좋습니다.
여유 있게 대화를 하고 아이의 이야기를 들어주는 모습을
보여야 합니다.

자녀에게 캘린더 앨범을 만들어 주세요

12개월의 모습을 달력으로 제작하여 선물로 주는 것도
좋습니다. 직접 생각한 글이나 사진은 할머니, 할아버지가
가장 좋아하는 선물이기도 합니다. 자신의 모습이 들어간
달력을 만들어 주고 자신의 얼굴을 자랑스럽게 드러내 보
이도록 해 주세요. 12달 내내 자신의 사진을 자연스럽게 보
면서 당당함을 갖추게 해 주세요.

두 아이가 한 방에서 함께 지내게 하세요

어려서 형제자매가 한 방에서 함께 생활하는 것도 좋습니다. 같은 방에서 잠을 자고 옷을 갈아 입고 같은 색의 잠옷을 입고 책을 읽으면 룸메이트처럼 행복할 수 있습니다.

공유는 서로에 대한 양보나 배려심을 일깨워 줍니다. 자고 싶다고 불을 꺼서도 안 되고 종일 시끄럽게 해서도 안 되기 때문입니다.

박람회나 전시회장에 자주 가세요

멋진 상상을 불러일으켜 줄 그네와 시소, 우주 짐과 우주선 등 항상 아이들에게 기쁨을 주는 많은 놀이동산과 비행기, 자동차를 보여 주세요. 우주선을, 로켓이나 미사일을 자주 그리는 아이의 미래가 나사(NASA)에 있습니다.

놀 줄 아는 아이는 사고를 치는 일이 줄어듭니다. 혼자 노는 아이는 생각이 깊어집니다. 어른의 생각을 이해하는 아이는 마음이 깊어집니다. 같이 이야기하는 시간도 중요하지만 함께 놀이동산이나 전시회장에 가서 놀아주는 것도 중요합니다.

근검절약을 가르쳐 주세요

요즘 유치원이나 초등학교에서는 자신의 물건을 잃어버려도 찾을 생각을 하지 않는다고 합니다. 물론 모아놓은 분실물들을 보면 모두 멀쩡한 것들로 아직 충분히 사용할 수 있는 것이라고 합니다. 이렇듯 요즘은 물건을 아끼고 자신의 물건을 소중하게 생각하는 마음이 부족한 것 같습니다.

근검절약은 어릴 때부터 몸에 배인 습관에 의해 길러지

는 마음으로 특히 요즘 아이들 사이에서 많이 부족한 부분입니다. 부모들은 평소의 생활에서 직접 실천을 통해 아이에게 모범을 보여줌으로써 어렸을 때부터 절약하고 아끼는 습관을 몸에 익히도록 해 주어야 합니다.

취미박사로 키우세요

자전거도 탈 줄 알고 배도 몰 줄 알고 비행기도 운전할 줄 아는 사람으로 살게 해 주세요. 무엇이든지 잘 할 수 있는 가능성을 갖게 해 주는 것이 좋습니다. 스케이트도 타게 하고 등산도 하고 암벽도 타게 해 주세요. 피아노나 플루트를 연주하게 하고 그림도 잘 그리게 하고 춤도 배우게 해 주세요. 어떤 일이든지 가능하게 하세요. 취미가 없는 사람은 한심한 사람이 되거나 편협하고 조잡한 사고를 가지게 되기 쉽습니다. 무엇이든지 하게 해 주세요.

자녀의 취향을 눈여겨 보세요

끈이 있는 신발을 좋아하는가? 구슬 같은 장식이 있는 신발을 좋아하는가? 색깔은 어떤 색을 좋아하는가? 그런 것들을 보면 아이의 취향을 알게 됩니다.

어른이 고집해서 사준 신발을 아이들은 싫어합니다. 칙칙한 운동화, 어른스러운 구두가 아니라 신데렐라의 유리 구두를 원하는지도 모릅니다. 아이들이 어떤 것을 좋아하는지 눈여겨보았다가 그에 맞는 물건을 사주면서 자연스럽게 개성을 키워나갈 수 있도록 하는 것이 좋습니다.

특정 음식을 강요하지 마세요

양파나 파, 김치를 싫어하고 된장 냄새를 싫어하는 아이에게 자꾸만 윽박지르지 마세요.

특히 음식 알레르기가 있는 체질인 경우 고칠 수 없는 습관이 생기게 됩니다. 돼지고기를 먹지 못하는데 굳이 먹이려고 해서 두드러기를 만들 필요는 없지 않을까요? 싫어하면 과감하게 권하지 마세요. 그것이 음식입니다. 어른이 잘 먹는다고 아이도 같이 잘 먹을 수는 없다는 점을 생각해야 합니다.

신발을 정리하도록 알려 주세요

외출에서 돌아오면 신발을 가지런히 벗어놓는 습관을 길러주세요. 특히 방문하신 손님이나 어른들의 신발은 신기 편하게 돌려놓고 현관에 어지럽게 흩어진 신발도 정리하는 법을 가르쳐 주세요.

안 되는 일은 안 된다고 이야기하세요

가끔 백화점이나 길거리에서 아이가 다른 사람은 아랑곳 하지 않고 장난감을 사달라고 울면서 떼를 쓰거나 뒹구는 것을 볼 때가 있습니다. 최소한 우리의 아이는 그렇게 키우 지 않도록 하세요. 아이에게는 아무리 떼를 써도 안 되는 것 은 안 된다고 가르쳐 주어야 합니다. 주위 사람이 볼까봐 창 피하다고 아이의 떼를 받아주다 보면 성인 되어서까지도 엄 마 아빠는 아이의 떼를 받아주어야 할지도 모릅니다.

크리스마스 장화를 걸어 두게 하세요

아이에게 산타클로스를 믿게 해 주세요. 잠을 자면 산타 클로스가 와서 선물을 준다고 이야기해 주세요. 아름다운 추억을 간직하게 해 주세요. 아이가 성장하면서 추억을 떠올리며 기뻐할 것입니다.

추억이 없는 아이는 불행한 아이입니다. 선물은 산타가 가지고 온다고 말하고 소원을 써서 장화에 넣으라고 해 보세요. 간혹 아주 어려운 편지를 쓰게 될지도 모릅니다. 죽은 어머니나 아버지를 만나게 해 달라고 할 수도 있지요. 그럴 때는 어머니, 아버지의 편지를 대신 보내주는 것도 좋은 방법입니다.

남의 집을 방문했을 때의 예의를 알려 주세요

남의 집을 방문했을 때의 예절도 중요합니다. 남의 집에 방문했을 때는 자기 멋대로 여기저기 돌아다니거나 냉장고나 서랍 등을 마구 뒤지는 일이 없도록 훈련시켜야 합니다.

또 친구 집에 놀러 갔을 때 갖고 싶은 장난감이 있어도 가져오면 안 된다는 것을 알려주어야 합니다. 평소에 가르쳐 주지 않으면, 남의 집을 방문했을 때 소리치고 야단을 쳐봐야 가정교육이 바르지 않다는 것이 이미 다 드러나 버린 후일 것입니다.

아이를 자랑스러워해 주세요

자랑스러운 아이로 만들어 주세요. 항상 아이에게 자랑스럽다고 말해 주세요. 손을 잡고 용기를 주세요. 공부를 못한다고, 체육을 못한다고 부모가 아이를 부끄러워하고, 특히 그런 말을 아이가 있는 곳에서, 다른 사람들이 있는 곳에서 말하게 되면 아이는 주눅 들고 자존심이 무너지게 됩니다.

자존심이 있고 스스로를 자랑스러워해야 어려운 일이

있을 때도 극복해 나가려 하게 되는 것입니다. 어디서든 "네가 자랑스러워!"라고 분명하게 말해 주세요.

세일 스티커를 모아 희망을 주세요

피자 할인 스티커나 세일 스티커를 모으면서 아이들은 잔뜩 기대를 합니다. 다시 만나게 될 새로운 희망과 작은 꿈에 부풀어 열심히 스티커를 모읍니다.

때로 로또처럼 재미난 게임으로 기쁨을 주세요. 어른들 못지않게 아이들도 매우 즐거워할 것입니다.

남을 탓하는 마음을 바로잡아 주세요

어른이 된 사람들 중에도 감사할 줄 모르고 항상 남에게 의존하려 하거나 남의 탓으로 돌리는 사람이 있습니다. 잘 못도 모르고 감사할 줄도 모르는 사람으로 살게 되면 그 사람의 인생은 늘 빈곤하게 됩니다.

남의 탓으로 돌리면서 사는 사람들이 많습니다. 작은 일에 감사하고 기쁨을 가지고 그 은혜를 잊지 않는 사람이 될 수 있게 어려서부터 감사의 말을 하게 해 주세요.

자녀의 입이 항상 열려 있게 하세요

입은 다물고 모든 일에 말처럼 달리게 하는 모순을 가지게 해서는 안 됩니다. 아이들은 어른의 채찍에 상처를 받고 힘들어합니다. 무조건 말을 막고 듣지 않고 생각을 막는다면 그것은 좋은 어른의 조건이 아닙니다. 아이를 입 다문 말로 만들어서는 안 됩니다.

오해와 진실을 가르쳐 주세요

오해와 잘못된 판단에서 모든 문제가 시작됩니다. 그러므로 아이 때부터 미숙한 판단을 하게 하거나 오해의 소지를 만들어 주지 말아야 합니다. 아이들은 작은 일에 오해하고 상처받습니다.

오해하지 않는 사람이 남도 잘 이해합니다. 그것이 좋은 길입니다.

나쁜 버릇을 하나씩 고쳐 갈 수 있도록 가르쳐 주세요

우산도 잘 잃어버리고 물건의 중요성을 모르면 다시는 그 물건을 사 주지 말고 지켜보세요. 비가 오는 날 비를 맞고 우산의 중요성을 알게 되면 다시는 잃어버리는 일은 없을 것입니다.

약속을 잊거나 잠으로 시간을 보내면 그와 같은 일을 두 번 다시 하지 않도록 하고, 자신이 스스로 인지할 수 있게 결정적인 일을 만들게 하세요.

아마도 그 버릇을 가진 채 나이가 들면 부모 장례식도 잊고 안 오는 불상사가 생기는 일도 농담이 아닐 수 있습니다.

주말 농장을 만들어 보세요

현대를 사는 사람들은 모두가 매연과 도시의 굉음으로 괴로운 시간들을 보냅니다. 잠시라도 전원으로 가서 자연과 나무와 벗하며 맑은 공기를 마시게 하면 아이의 정서 발달에 도움이 됩니다. 도심을 벗어난 자연을 가르치세요.

주말 농장을 만들어서 아이와 함께 배추나 상추를 길러 보는 것도 좋습니다. 자신의 밭을 가지고 흙을 직접 만지면서 생명이 자라는 신비함을 맛보게 하세요. 나중에는 다 자란 야채들을 직접 수확하는 기쁨도 느낄 수 있습니다.

노력해서 수확을 하게 되면 음식을 절약하고 낭비하지 않는 습관도 길러 줄 수 있습니다.

자녀를 라이프 플래너로 키워 주세요

자녀가 성장한 후의 사회에 대해서 미리 인식시켜 주세요. 어려서 들은 이야기는 황금알을 낳는 거위가 될 수도 있습니다. 천천히 하라, 상대를 허를 보면 과감하게 돌진하라, 포트폴리오로 투자하라 등은 아이들이 듣기엔 어려운 이야기입니다. 하지만 매일 궁상맞게 작은 돈에 연연하는 부모 밑에서 자란 아이와 증권이나 거대한 프로젝트 기획의 마스터플랜을 생각하고 성공을 거둔 부모 밑에서 자란 아이는 생각 자체가 판이하게 달라집니다.

돈에 집착하는 아이로 키워서는 안 됩니다

아이들은 어른과 다르게 순수해야 합니다. 돈을 만지고

돈돈 하는 어른의 때 묻은 마음을 전해 줘서는 안 됩니다.

이해에 밝은 아이는 아이답지 않습니다. 세상 물정을 훤하게 알고 있는 아이도 좋게 보이지 않습니다. 항상 순진하고 어린 그 마음을 가지도록 유도하고 좀 속는 듯 사는 것도 사람에게는 필요한 마음임을 알려 주세요.

즐거운 아침을 맞게 해 주세요

욕하고 다투고 밥을 억지로 먹이고 전쟁터를 방불케 하는 아침을 맞는 불행한 아이는 괴로울 것입니다. 때로 늦잠을 잔다고 매까지 맞고 학교에 가는 아이도 있습니다. 학교에서도 선생님에게 꾸중을 듣는 불행한 아침을 맞게 해서는 안 됩니다.

여유 있게 일어나서 주스 한 잔, 물 한 잔, 오트밀이라도 마음 편하게 먹고 학교에 가게 해 줘야 하루 종일 여유 있는 생활을 할 수 있습니다.

바른 인사예절을 가진 아이로 키우세요

먼 길을 가는 사람에게 인사를 하고 배웅하는 마음을 지니게 해 주세요. 아이들에게는 특히 어른을 공경하는 마음을 만들어 주지 않으면 안 됩니다.

누워서 배웅하고 고개만 까딱거리는 인사를 하는 아이를 만들지는 않았는지 뒤돌아봐야 합니다. 떠나는 슬픔과 만나는 기쁨에 관한 철학이 인사에 담겨 있음을 가르쳐 줘야 하겠습니다.

아이의 고민은 함께 나누세요

폭력으로부터 자유로운지, 친구들과 문제는 없는지, 숙제가 하기 싫은 건 아닌지, 선생님과의 관계는 어떤지 등으로 문제를 찾아내 보세요.

자면서 고통 받거나 가위눌림을 당하게 만드는, 의외로 말 못하는 작은 또는 큰 이유들이 있을 것입니다. 부모님이 도와주세요. 아이들의 문제는 어른의 고통이 될 수도 있습니다.

자녀의 숙제를 도와주세요

30분에서 90분 사이에 숙제를 다 끝마치는가? 하루 종일 숙제에 매달려 있는가? 오히려 숙제에는 관심도 없는가? 이러한 조심스러운 관심을 가져야 합니다.

아이들은 숙제하는 것을 보면 학습의 진도나 뒤떨어짐을 알 수가 있습니다. 무조건 도와주는 것은 좋은 방법이 아닙니다. 수학의 답을 알려준다고 그 아이가 수학을 잘 하는 것이 아니기 때문입니다. 진정한 부모나 어른은 아이의 학습 장애를 살필 줄 알아야 합니다.

평소에 형제간의 관계를 살펴보세요

둘 이상의 자녀를 둔 가정의 아이들은 부모의 사랑을 받기 위하여 치열한 질투를 합니다.

그런데 막무가내로 때리거나 괴롭히는 언니나 오빠가 있는 경우가 있습니다. 그것은 상당한 정신적 장애가 될 수도 있습니다. 폭력을 당하는 쪽은 더 많은 괴로움을 받는 것입니다. 어른들이 살피는 길이 우선입니다.

유니세프, 유스호스텔로 보내세요

세계 난민 돕기라든지 여러 명이 어울리는 유스호스텔에서 청소년기를 보내는 기회를 만들어 주세요. 아이들은 지적인 성숙보다는 마음의 평화나 자유로운 의사 결정을 하게 만들어야 합니다. 아이들에게 거대한 꿈을 만들어 주세요. 유니세프처럼 국제적인 봉사활동을 하는 단체에서 활동을 해 보면 아이에게 국제적인 감각을 길러 줄 수 있습니다. 또한 함께 살아가는 인류에 대한 폭넓은 사랑도 배울 수 있을 것입니다.

옷 입을 때 패션감각을 키워 주세요

지금은 이미지 시대입니다. 어려서 막 자란 아이는 옷도 함부로 입습니다. 더구나 옷에 대한 미적 감각도 없게 됩니다. 항상 옷에 대한 매치가 없기 때문에 성년이 되어도 매력적인 이미지를 만들어 낼 수 없습니다.

아이가 미적인 감각과 세련된 스타일을 익히도록 해야 합니다. 더러운 옷, 잘 씻지 않는 손과 얼굴은 습관입니다. 어른이 된 이후 고치려면 무척 어려운 일들입니다. 옷을 잘 입으면 인물이 살아나는 법입니다.

촌스러움을 그대로 가진다는 것은 미적인 조화를 모르는 것입니다. 유명상표를 아무리 둘러도 어딘지 어색하거나 조화가 없는 사람이 있고 세련된 감각으로 보아도 눈부신 사람이 있습니다. 앙증맞은 가방을 들고, 재킷이 어울리고, 멋부린 양말이 보일 듯 말 듯한 아이는 사랑스럽게 보입니다.

아이들이 많이 찾는 패밀리 레스토랑에 가서 아이들의 옷차림을 유심히 살펴보세요. 두건을 하고 예쁜 치마를 입고 귀여운 물방울 티셔츠를 입은 아기를 보고 있으면 영락없이 그 옆의 엄마도 귀여운 옷차림과 세련된 모습일 것입니다. 패셔너블한 사람에게는 호감도 가고, 사람들도 그와 어울리고 싶어 하는 법입니다.

어릴 때부터 인맥지도를 그리게 하세요

어린 시절의 친구는 함께 놀고 즐기는 관계가 대부분이지만, 친구란 의미는 아이가 성장할수록 놀이관계에서 인생의 윈-윈 관계로 그 개념이 바뀌게 마련입니다. 그렇기 때문에 어릴 때부터 사람과 사람과의 관계를 잘 맺도록 하는 것이 무엇보다 중요합니다. 돈은 없어도 사람만 있으면 성공한다는 말이 있듯이 자녀에게 관계의 원칙과 소중함을 가르쳐 주세요.

자신에게 해가 되는 친구와 득이 되는 친구를 구분하는 법과 좋은 친구를 서로간의 사소한 다툼으로 인하여 잃을 수 있는 위기에 처했을 때 대처하는 방법을 알려 주세요. 자녀에게 인간관계를 물려주는 만큼 가치 있는 유산은 없습니다.

스스로 스케줄을 만들게 하세요

즉석에서 기분 내키는 대로 결정하고 좋아하고 계획 없이 사는 사람과 꼼꼼히 1년 동안의 스케줄을 만들고 다른 사람들과 공유하는 사람은 확실히 다릅니다. 무슨 일을 하여도 잘 가꾸어진 것이 좋기 때문입니다. 스케줄을 꼼꼼히 짜서 생활하는 것과 대충대충 사는 것은 결과에서 상당한 차이를 보일 것입니다.

선생님이 자녀교육을 전부 책임지게 하지 마세요

선생님에게 의존하지 마세요. 선생님에게 이른다고 말하지 말아야 합니다. 아이들은 선생님보다 더 빠른 정보와 지식의 시대에 살고 있습니다. 그러므로 사소한 말다툼을 가지고 선생님에게 야단치게 해서는 안 됩니다. 그러나 미움을 받거나 특정의 사유가 될 일들이라면 방문하는 것도 바람직합니다.

선생님이 나의 자녀를 미워한다고 원수처럼 대해서는 안 됩니다. 내 아이의 단점을 인정하고 고치려고 하는 편이 아이에게 진정한 도움이 됩니다.

그러나 반대로 선생님을 신처럼 받들어서도 안 됩니다. 선생님이 이야기하는 조언을 경청하면서도 자신의 아이를 스스로 관찰하고 파악할 수 있는 균형감각이 필요합니다.

호기심 파일을 만들게 해 보세요

아이들의 지식 덩어리, 생각 덩어리를 말로 표현하게 해 보세요. '비행기는 왜 높이 날아야 하는가? 배는 왜 가라앉지 않는가?’ 아이의 호기심 파일 속에 세상의 사람들을 향한 말이 생기고 힘찬 에너지가 생길 것입니다.

혼자서 만든 파일을 완성할 때 아이에게 저력이 생깁니다. 자신의 의지와 기상을 싣고 희망을 가지게 될 엑스 파일의 주인공이 되게 해 주세요.

네트워크형 아이로 키우기

별명보다는 이름을 부르게 하세요

사람의 이름을 부르면 그 사람은 좋아하게 됩니다. 아이들을 부를 때 "야! 뭐시기야!"라고 말하지 않도록 하고 그 아이의 정확한 이름과 얼굴을 기억하게 하세요. 길에서 반갑게 이름을 기억하고 부르는 사람을 상대방은 긍정적으로 봅니다. 아이들은 자신의 이름을 기억하는 사람을 잊지 않는 법입니다.

부모에 대한 애정 편견을 없애 주세요

아이들은 누구나 다 좋아하고 따르게 해야 합니다. 그런데 간혹 이상하게 한쪽만 지나치게 좋아하는 아이들이 있습니다. 혹 부모가 별거하거나 이혼하는 경우도 마찬가지입니다.

아이들은 부모의 영향력으로 삽니다. 사내아이가 엄마에게만 의지하면서 살면 미주알고주알 고자질을 하는 데에다가 나이가 들어도 온갖 쓸데없는 소리를 엄마에게 다 할 것입니다. 하물며 이성친구와 잠자리한 것도 엄마에게 이르는 형국이 될지 모릅니다.

또한 여자아이의 경우 아버지를 지나치게 극대화한 나머지 다른 남자를 받아들이지 못하는 경우도 있습니다. 그러한 절름발이 인생을 만들어서는 안 됩니다.

트러블이 생기면 의사표현을 하게 하세요

싸워서 소리를 지르게 되더라도 의사를 분명하게 하도록 하세요. 그렇지 않으면 억울하거나 괴로워하면서 시간을 잡아먹고 맙니다.

아이가 할 말이 무엇인가 정확하게 말하게 하세요. 나이

가 들어도 징징거리거나 어디서건 울고불고 의사 표현을
못하는 사고뭉치로 만들어서는 안 됩니다.

트러블이 생긴다는 것은 아이가 분명한 사고를 가지고
있다는 다른 표현입니다. 문제가 생겼을 때 의사표시를 분
명하게 할 필요성이 있습니다. 의사표현은 자신의 색깔이
기 때문입니다.

쓰레기는 올바로 버리게 하세요

어디서든지 무엇을 먹든지 제대로 쓰레기를 버리는지를
살펴봐야 합니다. 아이들은 의외로 둔감합니다. 껌을 씹다
가 아무 데나 버리기도 합니다. 길거리에서 깡통을 함부로
던지기도 합니다. 그러다 보면 공중도덕이 엉망이 됩니다.

어른 중에도 보는 사람이 없으면 아무 데나 쓰레기를 버
리는 사람이 있습니다. 가장 도덕군자인 척 해도 남이 보지

않으면 아무 곳에나 방뇨를 하고 쓰레기를 버리는 사람은 범죄도 서슴지 않고 할 사람입니다. 아이에게 혼자 있을 때라도 항상 쓰레기를 올바로 버리도록 가르쳐야 합니다.

상대의 눈을 읽을 줄 알게 하세요

초점 없이 흐리멍덩한 눈, 졸린 눈, 속이는 눈, 반짝이는 눈, 너무 강렬한 눈 등 우리는 여러 가지 눈을 볼 수 있습니다. 눈 속에는 마음이 들어 있습니다. 그 마음을 읽는 데 익숙하려면 눈의 초점이 어디에서 비롯되는가 알아야 할 것입니다. 아이들에게 눈동자가 가지는 의미를 설명해 주고, 전부는 아니더라도 마음의 일부분을 눈동자를 통해 알아볼 수 있다는 점을 이야기 해 주세요.

그리고 아이들이 초롱초롱한 눈동자인지, 야비하고 비굴한 눈동자인지 어른이 알아야 합니다. 어려서도 도덕이 부재

하게 되면 눈동자부터 달라집니다. 맑은 눈동자, 순수한 눈동자, 온유한 눈동자를 만들어 주어야 하겠습니다.

그릇된 용기를 갖게 하지 마세요

되지도 않는 일이나 처음부터 어려운 과대망상을 가지고 "좋다, 좋다."라고 말하면 아이는 정말 그것이 좋은 일인 줄 알게 됩니다. 잘 되지 않는 아이에게 만용을 부리게 하면 사기꾼이나 범죄에 가담하는 어른이 될 수도 있습니다.

사람에게는 그에 알맞은 그릇이 있습니다. 그 그릇을 크게 만들 것인지 작게 만들 것인지를 따지기 전에 그 소양을 보는 것이 우선입니다. 부모는 아이가 어느 정도의 그릇이 될 소양을 가지고 있는지 정확하게 파악할 수 있어야 합니다. 그리고 거기에 맞는 꿈과 용기를 제시해 줘야 하겠습니다.

207

상대를 배려하며 약속을 정하게 하세요

사람들 중에는 자신의 스케줄에 맞추어서 사람을 부르고 약속을 하는 사람이 있습니다. 그러나 그 사람은 곧 모두를 잃게 될 것입니다. 약속이란 상대방과 내가 공유하는 것이기 때문입니다. 한 개인 혼자만의 결정으로 이루어지는 것이 아닙니다. 자신의 입장만 생각해서 약속을 정하지 않고 상대에게 괜찮은 시간과 장소를 묻는 등 배려를 할 수 있도록 가르쳐 줘야 합니다. 약속은 타인과의 공유라는 점을 알려 주세요.

208

과일을 직접 따보게 하세요

딸기 밭에서 딴 딸기와 포도나무에서 딴 포도송이, 사과

나무에서 자란 사과 따기는 그 아이가 성장한 이후까지도 좋은 기억으로 남을 것입니다. 직접 따보면 사과나무가 어떻게 생겼는지 굳이 책에서 볼 필요가 없습니다.

또한 수확의 즐거움과 함께 결실의 결과는 정직하다는 것을 가르쳐 주세요. 수많은 열매들은 수고와 노력 없이 나오지 않는 결과임을 알게 해 주세요. 아이들이 즐기면서 수확의 기쁨을 재미있게 알아가게 해 주세요.

함께 근사한 저녁을 보내 보세요

늘 바쁜 부모 때문에 식사를 거르거나 패스트푸드를 먹고, 김밥이나 라면으로 자주 식사를 때우게 되면 아이들은 건강이 나빠질 뿐 아니라 우울증이 생기기도 합니다.

멋진 식당에 데려가서 맛있는 저녁을 사 주고 기쁘게 해 주세요. 아이에게 희망과 사랑을 주게 될 것입니다. 맛있는

음식을 사 주고 사랑을 주면 아이는 부모의 마음을 말로 표
현하지 않아도 알게 됩니다.

잠을 잘 자는 아이로 만드세요

아이들은 잠을 설치면 다음 날 무척 힘들어합니다. 그럴
땐 양을 세게 해 보세요. 노래를 불러 주세요. 우유를 따뜻
하게 데워 먹이는 것도 좋습니다. 그러면 곧 효과가 발휘되
어 자게 될 것입니다.

잠을 안 자는 아이는 부모도 무척 힘들게 합니다. 잠을
안 자서 성격이 예민해지면 나이가 들어도 힘들어집니다.
아이들은 잠을 자면 달라집니다. 푹 잠을 자면서 몸도 마음
도 성장하게 될 것입니다.

존경하는 인물의 사진을 간직하게 하세요

어떤 특정한 사진을 간직하는 것은 그 사람을 출세하고 성공하게 하는 것입니다. 존경하는 인물도 좋고 자신의 가족사진도 좋습니다. 존경하고 좋아하는 인물의 사진을 항상 곁에 지니도록 해 주세요. 그러한 모델을 정하면 살아가는 것에 의지가 됩니다. 항상 열어 볼 수 있게 어디서든지 간직하면 그것이 곧 인생의 지침이 되는 것입니다. 의지처가 있는 사람은 방황을 하며 세상을 방탕하게 살지 않을 힘을 얻을 수 있습니다.

긍정적인 말을 하는 아이로 키우세요

친절하고 자상한 말을 하거나 불평불만을 말하는 것은

모두 자신의 모습을 만들어 가는 일입니다. 그러므로 친절하고 자상한 말을 잘하는 아이는 친절하고 상냥한 사람이 됩니다. 말은 가식으로 하거나 이익을 추구하기 위한 목적으로 하는 것이 아닙니다. 마음에서 비롯되는 말을 해야 하는 것입니다.

오랫동안 경찰청에 근무하는 사람은 어딘가 모르게 악한 면이 더 많다고 하고, 종교 단체에서 일하는 사람은 착한 사람이 더 많다고 합니다. 결국 어떤 곳에서 어느 각도로 사람을 보고 말하느냐에 따라서 아이는 다르게 성장하게 됩니다.

아이를 장사꾼 같이 만들지 마세요

아이들은 아이답게 순수함이 있어야 합니다. 어른이 된 이후에도 지나치게 이재에 밝은 사람은 큰 성공을 못합니다. 돈만 밝히는 장사꾼 같은 사람은 남을 이용하려고 하거나 남의 것을 하나라도 빼앗아 강탈하려고 합니다. 특히 아이들이 그런 모습을 보고 자라면 영락없이 그런 행동을 하게 됩니다. 부모가 남을 이용하고 강탈하는 데 귀재라면, 아이들에게 그런 유전자가 없더라도 습관적으로 보고 들은 것을 바로 이용하게 됩니다.

세상을 너무 삭막하지 않게 하려면 그래도 한편으로는 순수하게 살아야 합니다. 너무 자신의 이익에만 혈안이 된 무서운 아이로 만들어서는 안 됩니다.

비굴한 사람으로 살지 않도록 하세요

자신 있게 말하도록 하세요. 비굴하게 살지 않도록 해야 합니다. 잘못은 인정하게 하세요. 스스로 용서를 빌게 하세요. 인정할 것은 인정하게 하세요. 이러한 것이 바로 정당함입니다. 자신의 잘못을 모르고 시인하지 않으면 결국 아이는 비굴하거나 야비한 사람으로 살게 되는 것입니다.

자녀에게 올바른 부모관을 심어 주세요

먼저 부모의 생각이 정리되어야 합니다. 나이 든 부모 중에는 자식에게 경제적으로 의존하면서 의사 표현을 못하는 경우가 있습니다. 아들이 부모를 야단치고 딸이 어머니에게 욕을 하는 이상한 행태를 이어가서는 안 됩니다. 아이들이 부모를 마냥 편하게 생각해서 부모에게 함부로 행동하도록 내버려 두거나, 부모가 어렵다고 자녀에게 의존하는 것은 바람직한 형태가 아닙니다.

아이가 어렸을 때부터 부모로서의 위엄을 갖출 줄 알아야 합니다. 편하고 친근한 사이가 되는 것은 좋지만, 필요할 때에는 근엄하고 진지한 모습을 보일 수 있어야 합니다.

내 자녀가 최고라고 착각하지 마세요

많은 부모들이 '내 자녀가 최고이며 착하고 순수하다' 라고 믿고 싶어 합니다. 하지만 그런 자녀일수록 말썽을 피우고 가장 야비한 행동도 서슴없이 할 수도 있다는 것을 모르고 있습니다.

또한 그 아이의 장래를 막는 것은 부모입니다. 착한 아이라고 생각하여 호되게 야단칠 줄 모르기 때문에 항상 그 버릇이 오래 가는 것입니다.

특히 장성하고 나서 결혼을 한 후 같이 앉아서 배우자의 흉을 보는 자녀에게 동조하며 네가 최고라고 말하는 부모가 바로 착각의 결과라고 할 수 있습니다. 어떤 사건이나 문제에는 양쪽의 책임이 있는 것이지 일방의 문제가 아니라는 점을 부모가 먼저 알아야 합니다. 아이가 어렸을 때부터, 우리 아이만이 최고라는 착각을 버리고 공정한 시각을 가질 수 있어야 하겠습니다.

주눅들지 않도록 하세요

사람들이 있는 곳에서 야단치고 때리는 경우에는 다른 사람들 앞에서 주눅이 드는 이유가 됩니다. 특히 부부불화가 잦은 가정의 아이는 주눅 들기 쉽습니다. 자신감을 가지고 살아갈 수 있게 하려면 어려서부터 당당한 모습을 길러 줘야 합니다. 그렇게 하기 위해서는 아이가 주눅들지 않도록 해야 합니다.

맛있는 음식을 만들어 주세요

무엇이든지 잘 만드는 음식은 정성이 들어갑니다. 건성으로 만들거나 외식에 의존하는 사람은 사랑 없는 음식을 먹는 것입니다.

아이에게 음식을 줄 때는 항상 정갈하고 깨끗한 접시에 조금씩 주세요. 아이를 사랑스러운 모습으로 자라게 해야 합니다. 정성이 들어간 음식을 직접 준비하여 아이에게 먹도록 하면 건강을 지킬 수 있을 뿐 아니라 아이가 정서적 안정감과 만족감을 갖게 됩니다.

219

"이해하지?"라는 말을 자주 하세요

내가 이해하는 것보다는 상대를 알게 하는 것이 우선입니다. "내 말 잘 알아듣니?"가 아니라 "내 말을 이해하기 바란다."라고 고쳐야 합니다. 이것을 아이들에게 자주 물어보고 대답을 듣는 것이 좋습니다. 항상 자상하게 가르쳐주고 "이해하지?"라고 물어보세요.

감정에 충실하게 하세요

억울한 일, 슬픈 일, 영화를 보고 감동하는 일 등은 사람의 정서를 크게 자극하는 것입니다. 슬프면 울게 하세요. 그러나 자주 우는 것은 추한 모습으로 비칠 수 있다는 점도 알려줘야 하겠습니다. 아이들은 울 수 있는 자격이 있습니다. 그러므로 달래주고 감싸주고 이해시켜야 합니다. 그러나 매사 울면 해결된다고 생각하는 버릇을 만들지는 말아야 합니다.

만화책도 도움이 되면 읽게 하세요

역사책이나 인물 이야기를 만화로 쉽게 이해하는 것도 좋은 방법입니다. 만화 속 주인공의 얼굴이나 그림은 영원히 잊히지 않습니다. 아이들은 의외로 기억이 두뇌에 저장 되어 잘 활용할 수 있습니다. 특히 만화책은 나쁜 것이라고 생각하지 않도록 하세요.

요즘은 기업의 총수들도 만화를 읽어 화제가 되고 있습 니다. 그렇듯 만화책을 읽게 하세요. 어릴 적 테리우스나 캔디의 신화가 아직도 우리들의 기억 속에 남아 있습니다. 아이들을 만화처럼 재미나게 살게 해 주세요.

자녀의 생각을 긍정적으로 받아들이세요

어른 중에는 고리타분한 생각을 갖는 이들이 있습니다. 말 잘하는 아이를 당돌하다고 하거나 버릇이 없다고 생각 하는데 절대 그렇게 말해서는 안 됩니다. 말하는 것을 열심 히 들어주면 그 아이의 깊은 뜻을 알 수 있습니다.

그러므로 들어주세요. 만약 틀리거나 잘못된 견해라고

해도 인정해 주세요.

다만 가끔 지식에 관한 것은 수정해 줄 필요성이 있습니다. 잘못된 상식이나 지식을 논하여서 틀린 답을 말하는 것은 문제가 될 수 있습니다. 그러나 의견이나 자신의 입장은 옳고 그름이 없습니다. 마음껏 말하게 하세요. 생각의 높이를 높여 주세요.

모방을 꾸짖지 마세요

어떤 것을 유심히 살펴볼 박람회, 그림 전시회, 음악회 등 문화생활을 가까이 하는 아이, 동물을 사랑하고 아낄 줄 아는 정서를 가진 아이들은 감성이 풍부해집니다. 정서가 발달하고 감성이 풍부하면 창조적인 아이가 될 수 있습니다. 그러므로 다양한 경험을 주면서 기발한 아이디어를 창출하게 하는 것이 좋습니다. 아이들은 기발합니다.

모방 역시 창조의 한 방법이 됩니다. 유명 가수나 연예인 흉내를 내는 것도 야단치면 안 됩니다. 모방은 창조의 어머니라고 했습니다. 다른 사람을 모방하며 따라하는 행동이 더 발전해서 자신만의 독특함으로 이어질 수 있는 것입니다.

224

기초상식이 모든 지식의 근원임을 알려 주세요

아이가 당장 쓸모도 없는 공부를 왜 해야 하느냐고 물을 때가 있을 것입니다. 급변하는 시대에 적응하며 살아가기 위해서는 물론 실용적인 지식이 필요합니다. 하지만 그런 실용지식의 바탕에 기초상식이 있어야 한다는 점을 아이에게 알려 주세요. 학교에서 배우는 기초학문이 아이가 살아가는 동안 버팀목이 되어줄 것임을 알려 주세요.

무슨 일을 하든 집중력을 발휘하게 해 주세요

책을 읽거나 음악을 듣거나, 무엇을 하든지 집중하고 열중하게 해 주는 것이 좋습니다. 그렇게 하면 시간을 밀도 있게 쓸 수 있고, 같은 시간에 더 많은 것을 얻을 수 있게 됩니다. 아이가 성장할수록 집중할 수 있는 시간은 길어지게 마련입니다. 아이가 하려는 일에 집중할 수 있도록 조언해 주세요. 짧은 시간을 하더라도 하는 일에 집중하고, 그것을 하지 않을 때는 과감하게 손을 떼도록 해 주세요.

아부하게 하지 마세요

칭찬과 아부는 전혀 다릅니다. 아부는 자신의 목적이나

계산된 생각으로 접근하고 말하는 것이고, 칭찬은 본심에서 우러나와 상대를 높이는 말입니다.

좋은 말과 칭찬은 남에게 진심으로 해야 합니다. 흔히들 "좋아졌어." 하고 지나가는 말로 만나는 족족 그렇게 사용하면 사람이 가벼워 보입니다. 그러나 진심으로 "아니? 오늘 뭔가 달라 보여요."라고 말하면 그 힘이 강하게 느껴져 듣는 사람에게 믿음을 주게 되는 것입니다. 자신보다 나은 주변 사람들에게 아부하지 않게 하세요. 칭찬할 일이 있다면 진심으로 칭찬하게 하세요. 그것이 중요합니다.

부모들끼리 아이에 대해 이야기하지 마세요

가장 지양해야 할 것은 학부모 친구입니다. 어렵고 의가 상할 수 있습니다. 가능하면 학부모들끼리 자주 만나지 않는 편이 좋습니다. 너무 자주 만나면 오히려 해가 될 수 있습니다.

아이들은 친구가 되면 아이들만의 세계를 만듭니다. 다른 집 아이와 비교하면 아이들은 편하게 친구가 되지 못합니다. 그러므로 다른 학무모들과 정보나 학교진학에 관한 부분을 이야기할 때에도 정보교환 정도가 좋습니다. 우리 아이와 다른 아이를 괜히 비교를 하면서 속상해 하거나 질투를 하는 것은 시간낭비입니다.

피곤하다고 불평하는 사람으로 만들지 마세요

"요리하기가 피곤하다. 살기가 싫다. 친구 만나기가 귀찮다."라는 등으로 아이들에게 인생을 나쁜 쪽, 비관하는 쪽으로 생각하게 하는 말을 하지 말아야 합니다. 오히려 감사하다고 생각하게 하고 신난다고 생각하게 하세요.

부모가 불평불만으로 일관하게 되면 아이도 죽을 때까지 입만 열면 불평을 쏟아낼 것입니다. 아이들에게서 그런 소리를 듣고 싶다면 계속 핀잔과 야유와 불만을 이야기하면 됩니다.

조금은 춥게 입히세요

겨울에도 얇은 옷을 여러 겹 입는 것이 건강에 좋습니다. 마치 두더지나 곰들처럼 뒤뚱거리는 옷으로 무장시키지 마세요. 다칠 염려도 있고 더구나 면역력이 오히려 저하됩니다. 감기에 걸리면 무조건 주사를 맞히고 열이 나면 병원에 가는 것도 좋지만 예방책이 우선입니다. 항상 손발을 깨끗하게 씻는 습관이 중요하다는 것을 알려 주세요. 약간은 춥게 입는 것이 오히려 건강을 위해서 좋습니다. 너무

벗겨서 키우는 것도 나쁘지만 너무 입히는 것도 바보로 만드는 길입니다.

뒤돌아서서 남의 흉을 보지 않게 하세요

어른 중에도 남의 말을 잘하고 뒤돌아서면 습관처럼 흉을 보는 사람이 있습니다. 그런 사람은 신용을 할 수가 없습니다.

말을 조심하는 것은 인격입니다. 앞에서는 친한 척하다가 뒤돌아서서 남의 흉을 보는 사람이라면, 다른 곳에 가서 또 내 욕을 할지 모른다는 생각에 그를 신뢰하지 못하게 될 것입니다. 당사자가 있을 때와 없을 때 일관성 있는 모습으로 같은 말을 할 수 있어야 함을 이야기해 주세요.

아무리 친해도 해서는 안 될 말이 있음을 가르치세요

화장실이나 다른 이의 방은 습관적으로 노크를 하지만, 정작 남의 일이나 인생에 개입하거나 관여하는 일에서는 그것을 생각하지 못하는 일이 있진 않은지 살펴보아야 합니다. 노크란 문의하는 것입니다. 아무리 친해도 해야 할 말, 하지 말아야 할 말, 조심해야 할 말들이 있습니다.

아이들에게 "아무리 친하더라도 이런 말은 하지 말아야 해. 이렇게 말하면 안 돼."라고 알려주세요. 말이 상처가 될 수 있음을 알려 주세요. 그 많은 조심스러운 말들과 해야 할 말들의 조화를 이루게 해야 합니다.

스트레스를 없애는 방법을 알려 주세요

어른 아이 할 것 없이 스트레스를 받는 세상입니다. 거리에 많은 차들이 질주하고, 교통난, 입시지옥, 학업, 진로 선택 등 아이들과 어른들이 겪는 여러 가지 문제들 중에는 부모와 연계된 일도 많습니다. 스트레스가 없어지려면 아이들은 먼저 마음껏 놀게 해야 합니다. 그리고 잠을 충분히 자게 해야 합니다. 그리고 어른의 일로 고민하지 않게 해야 합니다. 항상 즐겁게 생각하도록 도와주어야 합니다.

나와 다른 의견을 인정하게 하세요

우리가 다투는 모든 원인은 자신의 목소리만 크게 내지르기 때문입니다. 그런 사람을 유심히 지켜보면 이익이 되는 일에는 온갖 혈안이 되어 다니고 조금이라도 손해가 되면 법적인 소송도 마다하지 않는 철저한 이기주의자인 경우가 많습니다.

나와 반대인 의견도 존재한다는 사실을 인정하고 자연스럽게 대화를 마무리 짓는 말을 배우게 해야 합니다.

234

자녀와 항상 열린 대화를 하세요

글쓰기나 읽기 혹은 친구 관계, 성장의 과정, 또는 자세한 문제들을 이해하고 알고 있는 부모와 그렇지 못한 부모는 다릅니다. 무엇이 문제가 되는지 또는 아이가 걱정은 없는지 늘 대화로 풀어가야 합니다. 어디 아픈 데는 없는지 또한 불편한 데는 없는지 살펴볼 필요가 있습니다. 무엇보다 중요한 것은 아이에게 열린 마음을 갖는 것입니다. 말하는 환경이 편안하고 부모가 나의 말을 들어준다는 생각을 가질 때 아이는 편안하게 말을 할 수 있습니다. 그 환경으로 이끄는 것은 오로지 어른의 몫입니다.

235

피크닉 갈 때는 음식을 만들어 가세요

패스트푸드처럼 빨리 나오게 채근하고 보채는 어른이 되지 말아야 합니다. 아이들은 늘 어른들을 따라합니다. 피크닉이라면 차라리 집에서 샌드위치를 만들어 가는 것이 좋습니다. 음료수도 사가지고 가세요. 김밥을 만들어 가세요.

어수선한 식당이나 휴게소에서 먹는 음식은 맛이 별로 없을 것입니다. 더구나 무성의한 음식에 길들여지면 아이들은 정말 맛을 모르게 됩니다. 오로지 빨리 나오는 음식만 먹게 되지 않게 해 주어야 합니다.

병원에서 아픈 곳을 직접 말하게 하세요

병원에 혼자 가서 아픈 곳을 말하게 하세요. 만약 모른다면 종이에 적어서 보내세요. 늘 부모가 동행하는 것보다는 혼자 가보는 것이 아이를 위하는 길입니다.

약속 시간에 맞추어 병원에 가는 일, 약국에서 약을 타는 일, 종이에 적은 부분이 맞는지 확인하는 일 등을 모두 익히도록 하세요. 잘 하면 칭찬하도록 하고 그 다음부터 종종 혼자 다니도록 하면 자립심이 길러질 것입니다.

자신이 힘들어도 자상한 모습을 보일 수 있도록 가르쳐 주세요

일에 관해서나 부부문제, 때론 경제적 문제로 머리가 아파도 아이들에게는 어른의 모습, 항상 자상한 모습을 잃지 말아야 합니다. 그런 때 아이가 어떤 이야기를 하면 귀찮더라도 들어 주어야 합니다.

부모들이 자신에게 힘든 일이 있으면서도 웃으면서 자상한 모습을 보여 주면 아이들도 그것을 보고 배워서, 힘든 일이 있을 때도 타인을 배려하려는 노력을 하게 될 것입니다. 힘들다고 아이에게 짜증을 내는 것은 절대 금물입니다.

노력 없는 성공은 없음을 알려주세요

많은 친구, 건전한 생각, 늘 기발한 아이디어, 열린 마음 등이 결국 성공으로 가는 지름길입니다. 집에서 사랑으로 보살피고 밖에서는 건전한 활동과 만남을 갖고 열심히 노력하는 사람들에게는 반드시 기회가 주어집니다.

성공은 개인의 영광이지만 결국 많은 이들로부터 존경

을 받게 되는 일입니다. 무엇을 하든 노력하는 아이로 키운다면 나의 아이가 그러한 성공을 이루게 되는 것은 시간문제입니다.

말 잘하고 글 잘 쓰는 아이로 키우세요

글을 잘 쓴다는 것은 생각이 정립된 사람이라는 뜻입니다. 말은 생각이 정립된 사람의 표현 방법입니다. 쉽게 말하고 쉽게 표현하는 것은 하나의 기술입니다.

'적당한 시기에 어떤 유효적절한 말을 할 것인가? 어떤 비유가 좋은가? 이러한 말을 감동적으로 이끌 수 있는가?' 등에 대해 생각해 보게 하세요.

말을 잘하게 하려면 글을 쓰는 연습도 필요합니다. 일기나 낙서도 결국 아이가 성공하는 데 기여할 수 있음을 생각해야 합니다.

진정으로 말하는 법을 배우게 하세요

말은 아무나 합니다. 그러나 말다운 말은 아무나 할 수가 없습니다. 말 하는 사람과 듣는 사람, 말을 막는 사람, 말문이 막힌 사람, 말장난 하는 사람 등 말의 홍수 속에서 말의 중요성을 알아야 합니다.

말에는 힘이 있고 에너지가 있고, 희망이 있습니다. 말에는 사람을 끄는 용기도 있습니다. 말을 잘 하려면 결국 진정으로 말하는 것을 배워야 합니다. 함부로 말장난을 하지 않도록 하고, 진심을 이야기할 수 있도록 유도해 주세요.

혼자서도 말을 잘 할 수 있게 하세요

독백하듯이 말을 연습하고 생각의 단계에서 말이 바로

나올 수 있게 해야 합니다. 만약 바닷가에 서 있으면서 파도가 치는 것을 보았다면 바로 "와! 검푸른 바다에 높은 파도가 치네. 무섭고 두렵지만 자연은 위대하네." 등으로 표현하도록 해 주세요. 혼자서 느낀 점과 생각을 동시에 말로 할 수 있는 능력이 바로 말 잘하는 아이의 특성입니다.

자신을 낮추고 상대를 높일 줄 알게 해 주세요

멋들어지게 말을 하면서 잘난 척을 하는 사람이 우리 주변에는 많이 있습니다. 그리고 남을 깎아내림으로써 자신이 잘난 사람인 척 하려는 사람도 많습니다.

그러나 정말로 말을 잘하는 사람은 남을 낮게 하지 않고 높게 만들며 자신을 낮춥니다. 그런 겸손을 갖춤으로써 진정으로 자신을 높일 수 있음을 아이에게 알려 주세요.

싸우고 난 뒤에는 뒤끝이 없도록 하세요

살다보면 싸움이 나는 경우가 있습니다. 나쁜 것은 싸우고 나서 계속해서 그것을 잊지 않고 감정을 질질 끄는 경우입니다. 싸움이 났을 때는 그 자리에서 싸움의 원인을 파악하고 모든 상황을 끝낼 수 있도록 해야 합니다. 그리고 싸움이 끝나서 화해를 하기로 결정했다면 그 자리에서 받아들이고 싸움을 깔끔하게 끝낼 수 있어야 한다고 가르쳐 주세요. 감정을 제대로 수습하지 못하고 앙금을 남겨두는 사람이 추하다는 것을 아이에게 이야기해 주세요.

좋은 상담자가 될 수 있음을 알려 주세요

누군가의 이야기를 들어주고 좋은 말을 해 주는 행동이

감동을 줄 수 있음을 아이에게 알려 주세요. 행복한 말로 사랑을 줄 수도 있고, 좋은 말 한마디가 주는 용기와 희망으로 좌절이나 실망에서 벗어날 수 있습니다. 항상 비천하고 괴로운 말들보다는 힘차고 즐거운 말로 시작하게 하세요. 타인의 말을 귀기울여 듣고 좋은 말을 건네는 조언자가 될 수 있게 해 주세요.

245

더불어 사는 인생의 가치를 알게 하세요

누구나 혼자 가는 길이지만 혼자가 아니라고 믿게 하세요. 삶은 더불어 사는 것입니다. 이런 이치를 알면 말도 신나고 기쁘게 될 것입니다. 이웃, 친구, 가족과 더불어 함께 사는 세상임을 반복해 이야기해 주고, 힘든 사람들을 도우면서 살아야 한다는 점을 알려 주세요.

항상 즐거운 마음으로 살게 하세요

항상 대화의 즐거움 속에서 위트와 유머를 가지고 살게 하세요. 인생은 즐거운 것입니다. 활짝 웃는 웃음은 즐거운 인생을 드러내는 것입니다. 슬픈 영화, 슬픈 노래, 슬픈 이야기보다는 기쁜 말, 즐거운 말들만 하게 하세요. 신나는 노래로 살게 해 주세요.

자녀에게 소리치지 마세요

무조건 큰 소리를 치고 윽박지른다고 해결되는 일은 없습니다. 더욱이 화가 나서 싸우고 난 뒤 느껴지는 허한 마음을 달랠 길은 없습니다. 차라리 말이 없는 편이 더 나을 때가 있습니다.

사람들은 자기 소리만 들으려고 하고 자기 말만 하고 있습니다. 혹시 나는 아이에게 말할 기회를 주기보다는 소리치기만 하는 어른은 아닌가 돌아봐야 합니다. 화가 나면 침묵하는 편이 낫습니다. 아이의 말은 들으려고도 하지 않고 부정적으로 소리치기만 하는 것이 습관임을 알아야 합니다.

휴일엔 아이들과 함께 하세요

휴일인데도 아이들에게 조용히 하라고 야단치고 바쁘게 전화를 받고 회사인지 집인지 모르는 어른은 차라리 다시 나가서 일을 하는 편이 낫습니다. 아니면 전화기를 끄든지 결정을 해야 합니다. 또한 휴일에 종일 잠만 자면서 조용히 놀라고 할 바엔 차라리 아이를 밖으로 보내는 편이 낫습니다. 스케이트장이나 극장에서 친구들과 보내게 해 주세요.

가장 좋은 것은 부모가 아이와 함께 해 주는 것입니다.

그저 집에만 있더라도 함께 TV를 보면서 세상 사는 이야기를 나누면 좋습니다. 함께 밖으로 나가 공원을 산책하거나, 놀이공원, 극장 등에 가세요. 짧더라도 부모와 함께 하는 시간 동안 가족의 유대관계가 깊어지는 것입니다.

추억을 만들어 주세요

많은 추억은 아이에게 성공을 주는 길이 될 것입니다. 놀아주는 부모가 될 수 없다면 야단치는 부모가 되느니 차라리 입을 다물고 있는 편이 좋습니다.

아이들은 눈사람을 만들고 노래를 부르고 강아지와 놀아주는 부모를 기억합니다. 그리고 사랑하고 안아주는 부모를 기억하는 것입니다. 어떤 환난과 고통이 닥쳐도 아이는 그 아름다운 추억을 가슴에 안고 늘 행복해 할 수 있습

니다. 부모가 아이들에게 만들어 주는 좋은 추억은 아이가
성장한 이후까지도 마음의 의지처가 되어줄 것입니다.

자녀를 위험으로부터 멀리 하세요

가능한 한 문 때문에 손을 다치지 않게 하고 캔이나 날
카로운 유리병, 칼 등 때문에 다치지 않게 조심하고 멀리
두어야 합니다. 특히 약은 아이들이 만지지 못하게 해야 합
니다. 그리고 아무것이나 먹지 않게 하세요. 세제나 샴푸,
비누 등 많은 위험한 화학물질도 손대지 않도록 가르쳐야
합니다.

인생필수교육 **6**

글로벌형 아이로 키우기

실수로 고민하는 아이를 감싸 주세요

걱정, 고민으로부터 자유롭게 하세요. 어떤 걱정이 있는지 파악하고 가능하다면 행동으로 취할 수 있는 모든 것으로 신속하게 도와주세요. 아이들은 때로 자신이 잘못한 일 때문에 크게 걱정하는 경우가 있습니다. 이런 때에는 부모가 너그럽게 눈을 감아주면 아이의 고민은 해결할 수 있습니다. 아이들의 걱정은 어른과 다르지만 놀랄 일들도 많습니다. 아이가 실수를 한 것 때문에 고민하고 있을 때는 아이를 감싸주어야 합니다.

자녀와의 약속은 꼭 지키세요

짧게 시간을 보내도 아이들과의 약속을 어기지 마세요. 오로지 30분이라고 해도 그 약속을 어기지 말아야 합니다. 설사 다시 일하러 나가야 하더라도 약속을 지켜 함께 시간을 보낸 후에 양해를 구하고 나가야 합니다.

어른에 대한 신뢰감은 결국 아이가 말을 잘하게 할 것입니다. 신명나게 말을 하는 아이는 집안에 화목을 가져옵니다.

253

만약 학교에서 조퇴하고 돌아오더라도 반겨주세요

아파서 올 수도 있고 화가 나서 그냥 올 수도 있습니다. 습관적으로 학교에서 집으로 돌아오는 경우가 아니라면, 조퇴하는 아이의 문제가 무엇인지 들어주고 인정해 주세요.

가끔은 꾀병일 수도 있습니다. 그래도 그냥 넘어가 주세요. 이유가 있을 것입니다. 당장 다그치거나 야단을 치면 아이는 입을 다물어 버릴 것이고, 진짜 이유가 무엇인지 알아낼 수 없을 것입니다. 아이의 이야기를 듣고 학교에 가기 싫은 이유를 찾아야 근본적인 해결을 할 수 있습니다.

희망이 되는 모델을 만들어 주세요

자신만의 색깔, 말과 느낌을 강조하는 아이로 만들려면 어려서부터 모델이 필요합니다. 그 모델은 아이의 전적인 희망이 되는 것입니다. 한동안 아이들은 서태지나 HOT 같은 가수가 되겠다고 말합니다. 물론 다 가수가 되는 것은 아니지만 최소한 그와 유사한 희망으로 가려면 노력을 해야 한다는 사실을 알게 됩니다.

그 길이 좋은지 나쁜지, 아이에게 어울리는 것인지 아닌지는 아이 스스로 알아내고 결정할 것입니다. 부모는 그 뒤를 따라가기만 할 뿐입니다.

작은 일로 야단치지 마세요

우유를 쏟거나 아끼는 커피 잔을 깨는 것은 다반사입니다. 그렇더라도 야단치지 마세요. 아이보다 중요한 것은 아무엇도 없습니다.

차라리 물건을 치우는 편이 낫습니다. 아니면 아이는 또 뭔가 깨게 될 것입니다. 실수나 부주의를 야단쳐야 하는 것이 아닙니다. 오히려 아이의 곁에 깨질 만큼 위험한 물건을 둔 부모가 야단을 맞아야 할 것입니다.

256 친구에게 초대받았을 때의 예의를 알게 하세요

초대라는 개념을 모르고 그저 친구 집에 가는 것과 초대받는 것은 다르다는 인식을 아이들에게 심어주어야 합니다. 꽃을 들고 가거나 선물을 사가거나 옷을 말끔하게 입고 가는 것도 좋습니다. 초대는 미리 이루어져야 하고, 초대에 응하려면 하루 전에 약속에 관해 대답해야 합니다.

마찬가지로 집에 온 손님을 대할 때에도 소개하고 서로 인사를 한 후에 음식을 먹고 놀이를 하고 돌아가는 것을 가르치세요. 어른이 된 후에도 초대라는 것을 알게 될 것입니다.

257 항상 즐거운 생각을 하는 아이가 되게 하세요

미소 짓고 노래 부르고 신나고 기쁨에 찬 아이가 되려면 늘 좋은 생각을 가져야 합니다.

옷도 깔끔하게 입고 공부나 놀기도 잘 하고, 친구도 잘 사귀고 항상 역동적인 운동도 하면서 살게 하세요. 갇힌 아이는 성공하지 못합니다.

부모의 강요를 받는 아이에게는 미래가 없습니다. 긍정적인 생각을 가지고 열린 마음으로 살도록 해 주세요.

너무 '공부, 공부' 하지 마세요

자신이 숙제나 준비물을 챙기는 정도는 기본적으로 하게 해야 합니다. 그것이 룰입니다. 다음으로 친구와 잘 사귀는 것은 사회성입니다. 공부 이외에도 아이에게는 많은 것들이 필요합니다. "무엇이든지 잘 하면 된다."라고 가르쳐 주세요. '공부, 공부' 하지 말아야 합니다. 자식을 자랑하는 어른들 중에는 '경진대회에서 상을 받았다, 반에서 몇 등을 했다' 라는 말을 하는 사람이 있는데, 그런 어른들은 아이에게 진짜 중요한 것이 무엇인지 모르는 채 공부만 강요하는 사람일 가능성이 큽니다.

전화로 아이를 감시하지 마세요

어떤 이는 수시로 자녀에게 전화를 거는 경우가 있습니다. 직장생활을 하는 여성 중에는 회사에서 아이들 숙제 점검, 학원 점검까지 하는 어른이 있습니다. 아이에게 전화를 해서 안부를 묻고 사랑을 표현하는 것은 좋지만, 전화를 걸어서 지나치게 일일이 아이의 일상을 간섭하고 감시하는 것은 좋지 않습니다.

자녀 앞에서 바른말을 하세요

상스러운 말이나 거친 말을 가르치지 마세요. 욕은 특히 금물입니다. 아이들은 제일 먼저 욕을 배웁니다.

또한 말이라고 다 좋게 들리지 않습니다. 비꼬는 말, 비아냥거리는 말, 약 올리는 말 등을 해서도 안 됩니다. 상처 주는 말들은 모두 하지 말도록 하세요. 아이는 부모의 거울입니다.

'베스트'가 되게 하세요

'굿'인 사람은 많습니다. 그러나 '베스트'는 한 명입니다. 무엇이든지 최고가 되는 길로 들어서게 하세요. 말 잘하는 사람도 한 명입니다. 아무나 다 말하지만 모두가 말을 잘 하지는 못합니다. 말을 듣고 감동받는다는 것은 쉬운 일이 아닙니다. 그것은 학습으로 되는 일이 아닙니다. 암기가 아닙니다. 말은 인간의 정신과 내면의 세계를 드러냅니다. 베스트가 되게 노력하는 길은 한 가지입니다. 그 아이를 유심히 살펴보면 됩니다.

안전장치를 갖춰 주세요

어떤 집이든지 아이가 보호 받아야 합니다. 누군가가 찾아왔을 때 혼자 문을 여는 것은 위험하므로 방범시설이 갖춰진 곳에 살도록 어른들이 배려하는 것도 좋습니다.

주변의 누군가의 도움을 받을 수 있도록 전화번호 기억하기, 핸드폰으로 문자 남기기를 가르쳐 줘야 합니다.

263 아이가 아프면 도와주세요

목이 아프거나 열이 나고, 때로 농구나 축구를 하다가 팔을 삘 수도 있습니다. 깁스를 하고 학교에 다닐 수도 있습니다. 이럴 때는 조심하고 안전하게 도와주어야 합니다. 특히 교통사고나 자전거 충돌 등 많은 위험에 노출되지 않게 해야 합니다.

언제든지 어른들이 아이들을 보호하고 아껴야 합니다. 아이들의 장래나 건강, 안전 모두가 어른의 몫입니다.

264 기도의 기쁨을 알게 하세요

어디서든지 한번은 우리를 생각에 잠기게 하는 새로운 분위기를 만들어 보세요. 촛불을 켜고 불을 끄는 것도 좋습니다. 아이들은 새로운 것을 경이롭게 생각합니다.

아이들이 마음으로 누구를 향하든지 소원을 말하게 해 보세요. 누군가 간절한 마음을 들어 줄 것이라는 희망을 갖게 될 것입니다.

265 특별한 날을 기념하세요

미국의 명절들은 특수성이 있습니다. 한국의 추석처럼 추수감사절이 크게 치러집니다. 어버이날에도 부모를 학교에 초대하여 성대한 파티를 합니다. 밸런타인데이는 일본과 한국에서 각광받는 젊은이들의 날입니다. 한국에도 설날이나 추석 같은 명절이 있고, 그 외에도 3·1절이나 개천

절, 광복절, 한글날 등 다양한 공휴일과 기념일이 있습니다. 아이에게 그 날의 의미를 이야기해 주고 특별한 날을 기념해 보세요. 특별한 날을 기념하는 것은 생활에 즐거움을 주는 이벤트가 될 수 있습니다.

266 품격을 만들어 주세요

아이들에게 부자의 삶을 약속하는 한 가지 방법은 실제로 어렸을 때부터 부자들의 삶을 체험해 보도록 하는 것입니다. 비행기 일등석을 타고 특급호텔에 묵는 경험을 선물해 주세요. 궁상맞게 살면 늘 이코노미석만 타게 됩니다. 어려서부터 품격 있고 고급스러운 삶의 방식이 존재한다는 것을 알려 주면 아이도 그것을 자기 삶의 꿈으로 품게 될 것입니다.

자녀 앞에서 절대로 좌절하지 마세요

어떤 난관과 어려움 앞에서도 '포기'라는 단어를 쓰면 안 됩니다. 천천히, 그러나 절도 있게 다시 일어나야 합니다. 시간을 만드는 사람은 자신이라고 항상 용기를 주어야 합니다. 좌절이 곧 죽음이라는 점을 아이에게 알려 주어야 합니다. 부모 스스로도 어떤 일이 있어도 이겨 나가도록해야 하고, 아이에게도 그런 모습을 보여줄 수 있어야 합니다.

애완동물을 키우세요

마음이 착한 소년, 소녀 또는 감정이 풍부한 사람으로 만들려면 애완동물을 키워 보게 하세요. 개와 고양이, 오리 또는 도마뱀, 새 등은 아이들에게 책임감과 사명을 주게 되고 보호본능이 생기게 합니다. 친구보다 더 진한 애정을 갖게 될 것입니다. 애완동물을 키우면, 마음으로 정을 주고 난 이후 느끼는 깊은 넘쳐남이 바로 애정임을 배울 수 있게 됩니다.

가족의 근본을 알게 하세요

할아버지나 주변 친척의 이름을 잘 알고 그들과 친해지도록 하세요. 그리고 사촌이나 먼 친척에게도 인사하고 신뢰감을 주는 아이로 만들어야 합니다. 핵가족이라고 해도 가족의 근본을 잊게 해선 안 됩니다. 부모를 존경하고 사랑을 받는 아이는 어려서부터 다릅니다.

우리는 부모 형제와 다투거나 의절한 사람들을 종종 봅니다. 그들의 자녀가 부모와 달리 좋은 가족관계를 이루며 살 것이라고 기대하기는 어렵습니다. 아이들은 보고 느낀 대로 답습하게 되는 법입니다.

270 식사 예절을 가르치세요

최소한 어른들과 식사를 같이 시작하고, 음료수는 혼자 먹지 말고 "먼저"라는 말을 하도록 가르치세요. "먼저 드세요." "이것 드시겠어요?"라고 말할 줄 아는 아이로 가르쳐야 합니다. 아이들은 가르친 대로 말하게 될 것입니다. 아이가 예쁘다고 손으로 먹거나 돌아다니면서 먹는 것을 놔두는 부모님이 있는데, 혼자 돼지처럼 먹게 내버려 두어선 안 됩니다. 아무리 맛있는 음식이 있어도 배려하고 예절을 갖추게 해야 어른이 된 이후에도 그 마음을 늘 가지게 됩니다.

271 가정환경에 적응하는 법을 가르쳐 주세요

요즘은 이혼, 사별, 재혼 등으로 가정의 자녀들이 환경의 변화를 겪게 되는 경우가 많습니다. 그리고 재혼한 새 부모와 서로 적응하기가 어려운 경우도 있습니다. 좋은 부모가 되려면 먼저 좋은 사람이 되어야 합니다. 이혼한 가정의 각각의 아이들과 같이 모여서 산다는 것은 쉬운 일이 아닙니다. 그러므로 부모의 거취를 결정할 때 심사숙고해서 결론을 내려야 합니다. 그리고 부모의 결정을 아이에게 충분히 설명해 줘야 합니다. 이혼, 사별과 재혼으로 갑작스럽게 바뀌는 환경에 대해서도 아이와 대화를 해야 합니다. 아이는 어른들이 생각하는 것보다도 더 깊이 있게, 그리고 더 빠르게 상황을 파악할 수도 있습니다.

비타민을 챙겨주세요

자라나는 아이는 성장이 우선입니다. 음식을 잘 먹는 경우에도 항상 비타민을 챙기는 것이 좋습니다. 그러면 아이들은 더 잘 클 것입니다. 부족한 영양은 아이의 성장을 늦춥니다. 머리가 아무리 좋고 영리하더라도 몸이 작게 자라

면 아플 가능성이 큽니다. 병에 걸리지 않게 하는 예방책이
바로 비타민입니다.

273 성공한 사람들의 파티에 데리고 가세요

혹 주변에 성공한 사람들이 있다면 결혼식, 생일파티 등
에 데리고 가서 많은 생각을 불러일으키게 하세요. 대개 부
모들 중에는 자녀에게 남의 칭찬을 잘 하지 않는 사람
이 많은데 그 모습은 바람직하지 않습니다.

파티에 데리고 가서 아이들에게 성공한
사람의 모습을 보여주고 그들에 대해
많은 칭찬을 하세요. 아이들이
"이 다음에 나도 성공할 것이다."
라고 생각하게 될 것입니다.

도전하는 사람으로 키우세요

'파일럿이 된다. 수상스키를 탄다. 카 레이서가 된다. 모 토바이크를 탄다.' 라는 것들은 아이들에게 멋진 모델이 됩니다. 또는 '골프선수를 좋아한다. 농구 선수를 좋아한다. 가수를 동경한다.' 라고 하는 것도 아이들의 세계에 커다란 꿈을 심어주는 일이 됩니다. 원하는 것이 무엇인가 생각하게 하세요. 그 길이 잘 되는 길입니다. 아이들의 생각에 도전정신을 집어넣으세요.

할 일은 제때에 하도록 가르치세요

'신발은 제대로 놓은 뒤 신고 가는가? 화장실은 깨끗하게 사용하는가? 음식을 먹고 잘 치우는가?' 하는 것은 누구든지 기본적으로 해야 할 일들입니다.

그런데 그것조차도 하지 않고 느림보처럼 사는 아이가

있습니다. 그런 아이들은 생각이 느립니다. 사고도 느리기 쉽습니다. 의지가 약한 사람이 되기 쉽습니다.

많이 먹고 잠을 자고 살이 찐 상태로 인생 바보로 만들어서는 안 됩니다. 해야 할 일을 제때 할 수 있어야 똘똘한 아이가 될 수 있습니다.

자녀 앞에서 범법자가 되지 마세요

아이들 앞에서 법규 위반을 보여서는 안 됩니다. 길에서 다투는 모습을 보이는 것도 좋지 않습니다. 화가 나도 욕을 해서는 안 됩니다. 그런 모습을 보이면 결국 아이들도 같은 모습을 보일 것입니다.

교통경찰이 안 보이면 속력을 내는 부모가 아이들에게 줄 약속이 무엇이 있을까요? 더구나 다툼 때문에 길에서 싸우고 아이들이 차에 있거나 말거나 아랑곳하지 않고 행

동하는 사람들도 있습니다. 아이와 함께 있을 때는 항상 앞
날을 생각하고 행동해야 할 것입니다.

만화는 정해진 시간에 보게 하세요

어른들이 보는 방향과 아이들과는 다릅니다. 만화를 보는
아이와 드라마를 보는 어른의 생각은 다르기 때문입니다.

아이가 텔레비전 만화를 보고 싶어하면 원하면 시간을
정해 보도록 하세요. 만화에도 유머가 있고 재치가 있고 교
훈이 있습니다. 무조건 나쁘다고 야단치는 것은 좋지 않습
니다. 아이들은 어떤 것에서든 배울 수 있는 점을 스펀지처
럼 빨아들이기 때문입니다.

야단은 짧을수록 좋습니다

야단을 칠 때는 아이가 생각할 시간이 어느 정도 지난 후에 불러서 여차저차 말하는 것이 좋습니다. 그리고 근엄한 표정으로 어른답게, 신중하게 말해야 합니다. 아이들은 매를 들거나 잔소리를 하는 것보다 짧은 말과 단호한 표정을 더 무섭게 느낍니다. 길게 종일 이야기하지 마세요. 시간을 주어야 합니다. 무엇이든지 혼자 생각할 시간을 주는 것이 좋습니다.

자녀의 정서에 파란불을 켜주세요

아이가 스트레스를 받으면 틱 장애를 가지게 되고 머리에 원형탈모증이 생기거나 말을 하지 않게 되거나 웃음을 잃을 수도 있습니다. 아이들의 이상 현상을 보게 되면 모든 환경에 변화를 주어야 합니다.

아이들의 심한 우울증은 실어증을 유발할 수도 있습니다. 말하지 않는 아이만큼 무서운 것은 없습니다. 그렇기 때문에 대화가 없는 가정, 부모와 말하기 거부하는 아이는 중증이라고 할 수 있습니다. 아이에게 스트레스가 있는지 잘 살펴보세요. 아이의 신체나 행동에 갑작스런 변화가 나타났을 때는 특별히 더 신경 써서 지켜봐야 합니다.

280 부모의 주관을 자녀에게 주입하지 마세요

우리가 알고 있는 상식이나 견해, 지식이나 보고 느낀 것이 전부라고 판단하지 말아야 합니다. 아이들에게 오판을 주입시켜서는 안 됩니다.

만약 어른들의 생각을 무조건 주지시키게 되면 아이들은 혼란을 겪을 수 있습니다. 아이들은 많은 것을 배우지만 그것을 다 이해하지 않습니다. 알고 싶지 않은 것도 있습니

다. 스스로 느끼고 생각하여 받아들이는 것이 무엇보다 가
장 좋습니다.

아이의 입속 청결을 지켜 주세요

가장 기본적인 일들도 아이들은 모르는 경우가 허다합
니다. 치약 짜는 방법, 사용법, 특히 하루에 몇 번 칫솔질을
해야 한다는 것 등을 잊었을 수도 있습니다.

· 지저분한 사람으로 입 냄새를 풍기면 서로 이야기하고
싶지 않아 한다는 것을 인지시켜야 합니다. 중요한 논의를
해야 하는데 입 냄새 때문에 상대방이 불쾌
한 감정을 먼저 갖고 대화를 시작한다
면 자녀에게 분명 불리할
것입니다.

말을 안 들으면 말하지 마세요

어른들은 말하고 아이들은 듣지 않는 경우가 있습니다. 어른은 계속해서 말하고 아이는 듣는지 마는지 대꾸도 없습니다. 그 아이는 커서 어른이 되어도 아무 말도 듣지 않을 것입니다. 자신의 방식이나 태도, 행동만 취하지 결코 타협이나 의견의 절충이 없기 때문입니다. 우리 주변에는 이런 모습들이 너무나 많습니다.

정치가들을 봐도 그 점을 알 수 있습니다. 말만 하지 듣고 있지 않습니다. 누구든지 말하는 것을 제대로 이해하고 들을 준비가 되면 분규나 다툼이 생기지 않을 것입니다. 아이가 어른이 하는 말을 듣지 않으면 계속해서 말하는 것보다는 말을 그만하는 편이 좋습니다. 주의를 집중시켜 들을 준비가 되었을 때를 파악해서 그때 다시 이야기를 하는 편이 더 나을 것입니다.

283 재혼을 할 때에도 아이에 대한 배려가 필요합니다

어른들 중에 이혼이나 사별을 한 후에 다른 이성과 교제하거나 재혼하는 사람들이 늘고 있습니다. 다양한 가족의 형태가 생겨나는 것이 나쁘다는 것은 아닙니다. 그러나 아이가 있는 경우에는 미혼인 남녀가 연애를 하고 결혼을 하는 것과는 마음 자세가 달라야 합니다. 자신만 좋다고 결혼을 결정해서는 안 됩니다. 아이를 충분히 배려해야 하는 것입니다.

284 놀아줄 수 없다면 노는 모습이라도 보세요

어른들의 생각으로는 놀아준다는 개념이 어렵습니다. 그럴 때는 아이들끼리 노는 모습을 보는 것도 한 방법입니다.

놀이터에서 친구와 자전거를 타든지 영화관에 간다든지, 수영장에 가서 지켜보는 것도 하나의 방법입니다.

어른이 직접 뛰어다니면서 힘들게 고뇌하지 않아도 됩니다. 아이가 놀게 내버려 두세요. 아이들은 신기하게도 잘 놉니다. 놀이동산에 데리고 가면 신나게 잘도 놀이기구를 타고 다닐 것입니다.

285 말을 번복하지 마세요

번복은 금물입니다. 신용에 금이 갑니다. 약속한 일은 꼭 지켜야 합니다. 변명과 눈속임, 이러한 순간적인 모든 일들은 다 위험합니다. 아이를 야단칠 때에도 일관성 있게 이야기해야 합니다. 신뢰는 평상시의 말 한마디에서 생겨나는 것입니다.

세대 차이를 인정해 주세요

세대 차이는 확실히 존재합니다. 세대차이란 서로 살아가는 시대가 다르기 때문에 생기는, 공감이 되지 않는 사고방식입니다. 아이들이 그것에 굳이 맞추어야 할 이유가 없는 것입니다. 전혀 다른 공감대의 사람들이나 나이차가 지나치게 많은 사람들과의 관계는 불편하고 괴로운 것입니다. 아이들은 강요당하는 느낌을 받으면 반항하기 쉽습니다. 세대 간의 차이가 존재할 수 있다는 것은 알려주되, 자신들과 다른 어른들의 세계관을 일방적으로 강요해서는 안 될 것입니다.

종교에 대해서 이야기해 주세요

아침이든지, 저녁이든지 혹 교회나 절에 같이 가든지 공감의 시간이 필요합니다. 그저 눈으로 배우고 생각으로 느끼게 하세요. 일방적으로 한 종교를 가르치는 것보다는 생각할 기회를 주는 것이 좋습니다. 생각의 깊이를 직접 느껴 보도록 해 주세요. 다양한 종교가 같이 공존하는 것을 인지시켜야 합니다. 일방적으로 배타적인 마음을 키우는 것보다는, 다양한 사람들이 함께 어울려 살아가고 있음을 가르쳐 줘야 합니다.

돈을 꾸게 가르치지 마세요

누구에게든지 돈을 꾸거나 의존하는 사람이 되지 않게 해야 합니다. 어른 중에도 조금만 힘들면 돈을 빌리는 사람이 있습니다. 부모, 형제 또는 주변에 쉽게 돈 이야기를 합니다.

그러나 신용은 돈을 빌려달라고 말하는 순간 잃게 되는 것임을 가르쳐 줘야 합니다. 아무리 힘들고 어려워도 돈 이야기는 쉽게 하지 않도록 가르치세요. 돈을 꾸다가 사람을 잃을 수 있다는 것, 돈은 없어도 살지만 사람을 잃으면 평생 후회한다는 것을 알게 해야 합니다.

289 고자질하는 아이가 되지 않게 하세요

어려서 잘 이르고 고자질하는 아이는 기회주의자가 되기 쉽습니다. 특히 주변 사람들을 이간하고 끊임없이 욕하게 됩니다. 고자질을 잘 하는 아이는 뒤에서 다른 사람을 욕하는 어른이 되기 쉽다는 점을 가르쳐 줘야 합니다.

290 가사를 거들게 하세요

음식을 만드는 어머니 곁에서 접시나 수저를 놓는 자녀처럼 자연스럽게 일을 돕는 것이 습관이 되어야 합니다. 일은 혼자 하는 것이 아니라고 생각하게 하세요. 많은 남자들은 어려서부터 일을 하지 않고 늘 받기만 해서 나이가 들어도 여자에게 받기를 즐겨합니다. 그러나 일이나 생활은 공유입니다. 혼자 하는 일은 없다는 것을 알려 주세요. 같이 일하게 해야 합니다.

숙제나 일기를 밀리지 않도록 하세요

　실수를 자주 하지 않게 하려면 자신감과 사명감을 가르쳐야 합니다. 하던 숙제, 밀린 일기 등이 결국 어른이 되어서 하게 될 일과도 연결이 되는 것입니다. 꾸준히 해 나가는 일들이 나중에는 아이의 실력으로 돌아오게 될 것임을 알려 주세요. 당장 실력이 느는 것보다는 꾸준히 하는 습관을 갖게 되는 것이 더 중요합니다.

혼자 따분함을 이겨나가게 하세요

　요즘 어른이나 아이는 혼자 있는 것을 어려워합니다. 누구든지 만나서 이야기를 하든지 술을 마시든지 하는 경우가 많습니다. 혼자서는 공포증을 못 이기는 것입니다.

　그러나 성공한 사람들 대부분은 두문불출하고 혼자 있으면서 생각을 정리합니다. 아이들에게 혼자 있는 시간이 있는지 생각해 봐야 합니다.

지나치게 혼자 있게 되면 우울증이 생길 수 있습니다. 그렇기 때문에 말 하지 않는 벌이 가장 큰 형벌이 됩니다. 그것이 독방의 무서움입니다. 그러나 그것을 더 승화하여 발전시키면 큰 생각, 큰 사람을 만드는 거름이 될 수 있습니다.

293 낱낱의 기억을 말하게 하세요

자신의 생각을 말하게 하는 자유는 아름답습니다. 아이의 생각을 이해하고 말을 듣고 칭찬하고 격려함으로써 아이는 큽니다. 좋은 어른, 부모는 말의 기틀이 됩니다. 낱낱의 기억을 말로 표현하게 되면 기억력도 좋아지고 표현력도 길러질 것입니다.

비밀을 지켜 주세요

아이가 말을 하지 말라고 하면 결코 하지 말아야 합니다. 아이들도 비밀을 좋아합니다. 그 비밀이란 사실 사소하고 우스운 것인데도 아이들은 간직합니다.

아이가 "이건 비밀인데요……"라고 말하는 순간 바로 다른 어른에게 이야기하는 철없는 어른도 있습니다. 아이도 하나의 인격체입니다. 존중해야 합니다. 손가락 걸고 약속한 것을 잊지 마세요.

먼저 유치원에서 배우게 하세요

화장실 사용하기, 줄 서기, 친구와 다투지 않기 등 이러한 단순한 것만 잘 배워도 아이의 인생은 성공한 것입니다. 거창한 것을 배울 것이라곤 생각지 마세요.

어른들이 생각하는 아이들과 실제 아이들의 세계관은

크게 다를 수 있습니다. 모든 문제의 원인이 어른의 시각입니다. 유치원, 초등학교, 중고교의 자녀의 시각을 이해하는 것은 이미 유치원에서의 단순함으로부터 이어집니다. 기본에 충실해야 합니다.

296 분명하게 "NO!"라고 말하게 하세요

"YES!"는 좋은 말입니다. 그러나 "NO!"도 해야 할 때가 많습니다. 아이가 "NO!" 하지 못하면 주눅 들었거나 눈치를 보거나 생각이 없는 것입니다.

아이들은 의사표현이 중요합니다. 의지가 말로 나오게 하세요. 싫어도 좋은 척하는 것은 더 나쁜 일입니다. 어른의 눈치를 보고 말을 제대로 못하면 커서 더 큰 화가 올 수 있습니다. 아이 때부터 "NO!"를 분명하게 말하게 하세요.

대신 무조건 싫다고 떼를 쓰는 게 아니라, 왜 싫은지 타당한 이유를 함께 이야기할 수 있도록 훈련시켜 주세요.

어른들의 감정을 아이들에게 주입 시키려 하지 마세요

아이와 어른은 다릅니다. 그것을 먼저 인지하지 않으면 안 됩니다. 아이는 시계와 가방이 어른들과 다르고 옷차림이 다릅니다. 또한 먹는 습관도 다릅니다.

아이는 복잡한 어른들의 세계를 이해하지 못합니다. 그러므로 부모가 왜 화를 내는지 왜 피곤한지 전혀 감을 잡지 못할 수 있습니다. 지나치게 복잡한 생각을 가진 채 집에 가서 아이를 보지 마세요. 아이에게 단순한 화풀이를 하게 되면 더 힘들어집니다.

아이의 외출을 인정해 주세요

문을 잠그고 외출준비를 하면서 노래하고 즐거워하는 것을 보면 모른 척 하는 것이 좋습니다. 그리고 신나서 나

가면 모른 척 하세요. 아이에게 다그치는 것은 좋지 않습니다. "언제 오니? 나쁜 친구 사귀지 마라." 그런 말은 이미 구식의 언어입니다.

너무 많은 것은 모자란 것보다 못합니다

지나치게 많은 친구, 넘은 상난감과 책, 관심도 그렇습니다. 소박한 미덕이 최고입니다. 아이들에게 밝은 달과 떠오르는 태양을 보게 하는 것이 더 우선입니다.

'자연을 함께 보는 어른과 아이', '말이 없는 어른과 아이' 같은 관계 속에서 마음으로 배울 수 있습니다. 그것이 에너지가 되고 힘찬 말 한마디로 바뀝니다. 지나치게 많은 것을 주지 마세요.

외국에 관심을 가질 수 있게 해 주세요

　세계에는 많은 나라들이 있습니다. 아이가 다양하고 넓은 세계에 관심을 가지면 더 폭넓은 사고를 할 수 있습니다. 그리고 한국에서 벗어나 더 넓은 세계로 나아갈 수 있다는 점을 알려 주면 자연스럽게 외국의 언어에 대한 관심도 가질 수 있게 될 것입니다.

　"영어 공부를 해라!" 하고 닥달하는 것보다는 영어를 쓰는 나라들에 대해 이야기를 해 주고 자연스럽게 관심을 유도하는 것이 좋습니다. 꼭 영어가 아니더라도 세상에 많은 나라와 언어, 문화가 있다는 이야기를 해 주면 아이의 상상력과 글로벌한 감각이 눈에 띄게 성장할 것입니다. 어려서부터 이야기를 해 주고, 세계지도를 가까이 두고 보게 하는 것도 좋습니다.

독립형 아이로 키우기

사진을 찍게 하세요

세상의 아름다운 모습과 풍경을 찍는 자유로운 카메라를 사 주고 어디서든지 찍게 하세요. 자신이 보고 재미나게 찍을 것입니다. 취미가 오히려 많아질 것입니다.

사진은 그림을 그리는 밑 도구가 되고 예술적인 가능성도 만들어 줍니다. 혼자 하는 일들, 실패가 거듭되는 일들, 다시 고치게 되는 일들 모두가 아이들의 몫입니다.

늙는다는 것을 자연스럽게 보여 주세요

부모의 어린 시절 사진이나 비디오, 그 밖의 과거 모습들을 자주 인지시켜 주세요. 철학이 없는 아이는 어른이 되어서 좌충우돌, 부화뇌동합니다. 자연과 늙음을 아는 아이는 어른이 되어도 성공할 수 있습니다.

우정을 간직하게 하세요

절친한 친구는 죽을 때까지 우정을 유지하게 가르쳐야 합니다. 우리는 변절이나 배신을 밥 먹듯이 하는데 그 이유는 우정이나 사랑이 쉽게 생길 것이라는 착각, 불편함이나 어려운 일이 생기면 포기하고 싶은 생각에서 비롯되는 것입니다.

우정은 변절이 아닙니다. 절친한 친구와는 혈연처럼 지내는 것입니다. 대신 아무하고나 우정을 만들어서는 안 된다는 점도 이야기 해 주세요. 범죄자나 불량소년들과 어울리는 것은 우정이 아닙니다. 그것은 오래 갈 수 없는 일들임을 이야기해 주세요.

빠른 판단이 필요할 때가 있음을 알려 주세요

만만디가 좋다는 중국인들과 '빨리' 를 주장하는 한국인의 사고에서 우리는 문화나 환경의 차이가 있다는 것을 알게 됩니다.

더구나 '빨리' 가 음식에 적용되지 않는다면, 좋은 점도 많습니다. 빠른 사고는 수초간의 판단이나 집약적인 생각의 깊이를 빨리 캐치하는 장점이 있습니다. 성공한 사람들은 짧은 시간에 정확하고 빠른 판단을 하는 경우가 많습니다. 살아가다 보면 다양하고 급박한 선택을 하게 되는 경우가 많기 때문입니다.

그렇게 순간적으로 빠른 판단을 할 수 있기 위해서는 평소에 많은 경험을 하고, 충분한 지식을 쌓아 놓아야 한다는 점도 함께 가르쳐 주세요.

"절대 안 돼, 절대 용서 못해." 등의 말을 하지 마세요

이 세상에 절대적인 것은 생, 노, 병, 사밖에 없습니다. 그러한 '절대'를 남발하지 마세요. 지나친 부정의 말은 아이를 자극하고 비관으로 가게 합니다.

문소리를 내게 하지 마세요

문을 쾅 열고 닫는 버릇없는 아이가 많습니다. 우당탕 뛰어다니는 아이, 신발을 미친 듯이 던지고 들어오는 아이, 어른들이 이야기하는데 턱을 받치고 있는 아이, 어른들 일에 오지랖을 넓히는 아이……. 이런 아이들을 가르쳐야 합니다. 타일러야 합니다. 쉽게 설명해 주세요. 어려운 일은 없습니다.

　남을 신경 쓰지 않고 큰 소리로 말하고 버릇없이 행동하는 아이는 어른이 되어서도 성공하기 어려운 법입니다.

당신의 자녀를 똑바로 보세요

　자기 아이의 장단점을 모르고 칭찬으로 일관하거나 비관하지 말아야 합니다.

　최근 중학교에서 강의를 한 적이 있습니다. 그런데 학부모회의 회장 직함이 있는 어머니가 자신의 아이는 잘 하는 것이 없다고 하였습니다. 아마도 감투는 쓰고 있는데 자녀가 성적이 미달이어서 하는 이야기였을 것입니다. 나는 "당신의 자녀가 미래의 빌 게이츠, 타이거 우즈, 워렌 버핏처럼 세계를 제패할지 누가 압니까? 어떻게 성적으로 아이를 평가하나요?"라고 말했습니다.

누가 무엇이 될지는 모르는 것입니다. 성공은 자신의 것입니다. 부모가 기를 꺾어서는 안 됩니다.

하고 싶은 일을 하게 하세요

무엇이든지 하면 된다는 신념을 갖게 하고 꾸준한 인내와 노력의 결과가 분명히 있다고 가르치세요. 많은 부모들이 자신이 바라는 생의 모습을 아이에게 주려고 하는데 사실 그렇지 못한 경우가 많습니다.

자녀에게는 무궁무진한 가능성이 있습니다. 하고 싶은 일을 할 때 마음이 행복해집니다. 사람도 마찬가지입니다. 만나고 싶은 사람을 만나서 살아야 하고, 보고 싶은 사람을 만나야 합니다. 아이가 하고 싶은 일을 하며 사는 사람이 되도록 격려해 주세요.

309

닫힌 마음의 문을 열어 주세요

살다보면 아이를 재우고 장을 보러 가면서 아파트 문을
안으로 잠가서 열쇠를 따고 들어오는 경우도 있고 열쇠를
잃어 버려서 당황하는 경우도 생깁니다. 이렇듯 닫힌 문은
어떤 방법으로든지 열면 됩니다. 그러나 닫힌 마음은 쉽게
열리지 않습니다. 한번 닫은 마음의 문은 열기 힘듭니다. 그
대로 닫힐 수도 있습니다. 그 문을 여는 방법이 중요합니다.
제일 좋은 방법은 아이와 시간을 들여 대화하는 것입니다.

310

놀라운 경이로움을 느끼게 하세요

신비로운 일들, 새로운 지식과 과학, 기능의 발달, 기록
의 갱신 등 우리는 수많은 기적을 봅니다. 그것이 신을 향

한 도전이든, 인간의 한계 극복이든 능력이란 무한합니다. 아이들에게 그 경이로운 세계관을 심어 주세요. 변화와 발전은 객관성입니다. 그러나 놀라움은 아이 스스로 느낄 것입니다.

"그러나"보다는 "그렇구나"를 말하게 하세요

"그래서, 그래요."를 가르치세요. 반대를 위한 반대는 비극입니다. 오직 찬성을 위한 반대나 찬성을 위한 찬성을 하게 하세요. 판단은 속으로 하는 것입니다. 겉으로는 듣고 나중에 의견을 제시하게 하세요. 무조건 반대하는 마음은 옹졸하고 가난한 마음입니다. "그러나"라는 말을 많이 하는 사람과 만나지 않게 하는 것이 좋습니다. "그래서, 그래? 그렇구나." 등으로 긍정의 말을 하는 사람과 친해지게 하세요.

노트북 컴퓨터를 사주세요

컴퓨터의 세계를 모르고는 살 수가 없는 시대입니다. 무거운 데스크 탑을 사서 무용지물로 만들지 말고 수시로 가지고 다닐 수 있는 노트북 컴퓨터를 사주고 자주 업그레이드를 해 주세요. 그리고 컴퓨터를 고장 냈다고 야단치지 마세요. 공부하거나 무엇을 하든지 자주 들고 다니게 하세요. 가까이 두고 접해야 빠르게 실력이 늘고 익숙해집니다.

직접 옷을 골라 입도록 두세요

아이들과 어른들이 같이 쇼핑을 가면 다툽니다. 생각도 다르고 옷 고르는 유형도 다르고 브랜드 선호도도 다릅니다. 그러므로 무조건 강요하지 마세요. 아이들의 세계를 이해하려면 동조하세요. 직접 옷을 고르면 부모 마음에 안 들어도 사 주는 것이 좋습니다. 아이들의 옷차림과 어른의 옷차림이 서로 다른 것을 인정해 줘야 합니다.

술, 담배에 빠지지 않게 하세요

특수한 일들과 매너리즘에 빠지게 하지 말아야 합니다. 술 마시는 부모, 줄담배를 피우는 아버지에게서 아이는 자연스럽게 중독성을 배웁니다. 누구나 중독이 될 수 있습니다. 하지만 누구나 쉽게 빠져들지는 않습니다. 술, 담배는 건강을 심각하게 해칩니다. 정신력으로 무장하도록 해야 합니다. 그리고 가능하면 아이에게 술 담배를 하는 모습을 보이지 않는 것이 좋습니다.

선생님을 잘 만나야 합니다

공부를 가르치는 스승은 본이 되어야 합니다. 누구든지 한 명의 지혜로운 스승이 있다면 그것이 바로 힘이 됩니다. 존경할 선생님이 필요합니다. 스스로 찾는 방법도 있고 어른들이 서서히 만나게 해주는 것도 좋습니다.

분명한 목소리로 자신 있게 말하게 하세요

아무리 좋은 의견이라도 작고 불분명한 목소리로 웅얼거리면 아무도 거기에 귀기울여 주지 않는다는 점을 알려 주세요. 분명하고 당당한 태도로 크고 확실한 목소리로 말하도록 해야 합니다. 그전에 우선 자신의 의견을 분명하게 정리하도록 해야 한다는 점도 알려 주세요.

스스로 선택하고 결정하게 하세요

부모들은 "법관이 돼라, 의사가 돼라."라고 하며 결정적인 사회의 명예나 지위를 말하지만 실제 성공하는 직업은 따로 있습니다. 카피하는 인생이 아니라 아이 스스로 선택하고 결정하게 하세요. 진로를 잘못 선택했다가는 오히려 능력 없는 아이에게 부담만 주는 과오를 범할 수 있습니다. 공부를 못하면 못하는 상태로, 잘하면 잘 하는 상태로 스스로 결정하게 하세요.

둔재도 달라질 수 있습니다

〈포레스트 검프〉라는 영화를 본 많은 사람들이 있을 것입니다. 사람의 능력은 무궁무진합니다. 특히 한 생각에 집중하면 성공할 가능성이 더 커집니다.

바보라고 놀리거나 야유하지 말고 희망을 주세요. 만약 모자란다면 더 많은 지식과 견문으로 세상을 보게 하면 됩니다. 살아가는 방법은 다양합니다. 그러나 눈속임이나 기회주의자가 아닌 정당한 모습으로 승리하게 해야 합니다.

음악을 듣고 반응하게 하세요

어떤 음악을 좋아하는지, 댄스는 어떤 것을 좋아하는지에서 그 아이의 성향이 드러날 것입니다. 내성적인 아이, 외향적인 아이는 행동하는 것도 다르고 생각도 다릅니다. 그리고 실제 성향도 달라집니다. 음악을 좋아할 수 있도록 유도해 주고, 거기에 맞춰 춤도 추고 움직이게 해 보세요. 자연스럽게 외향적인 아이가 될 수 있을 것입니다.

시작이 절반입니다

무엇이든지 시작하게 하면 아이는 그것을 향해 달려갈 힘을 가지고 있습니다. 아무것도 하지 않고 매너리즘에 빠져 무기력하게 있는 아이는 살아가는 즐거움을 모릅니다. 무엇이든 원하는 것을 시작하게 해 보세요. 결심하기는 어렵지만, 일단 시작하게 되면 어떻게든 해 나가게 됩니다. 시작이 절반이라는 것을 알게 해 주세요.

야영을 하게 하세요

담요나 야영도구를 챙겨가지고 집을 떠나서 추위나 더위, 벌들이나 모기와 씨름하고 텐트에서 자는 경험을 해 보게 하세요. 야영에서 돌아오면 말하는 태도부터 달라질 것

입니다. 어려움과 낯선 환경을 극복하고 그 안에서 생활을
꾸려 보면서 한층 성숙해질 수 있을 것입니다.

말로 아이를 규정하지 마세요

말의 힘은 큽니다. "잠 안 자면 순경 아저씨가 잡아간
다."라거나 "말 안 들으면 다리 밑에 데려다 놓는다."처럼
흔히 아이에게 쓰는 말들이 아이의 마음속에 두려움을 줍
니다. 또, 다른 사람의 말 한마디에 주눅이 들거나 자신을
얻기도 합니다.

말은 아이를 규정짓기도 합니다. "우리 아이는 참 얌전
해요." "얘는 사내아이라서 그런지 침착하지 못하고 덜렁
대기 일쑤예요."와 같은 말들은 어른이 한 가지 면만을 바
라보고 실수하는 말들입니다. 아이는 그런 말을 들으면서
스스로를 규정짓고 그대로 행동하게 됩니다.

323

대충 몸짓으로 말하게 내버려 두지 마세요

아직은 어리니까 대충 말해도 된다고 믿는 어른들도 있습니다. 말이야 저절로 깨치는 것 아니냐고 생각합니다. 하지만 그렇지 않습니다. 고갯짓만으로 끄덕끄덕 의사를 전달하거나 기껏해야 단어로 얘기하는 아이는 분명 말에 부담을 느낀다는 증거입니다. 이런 아이일수록 몸짓이 아닌 언어로, 그리고 문장을 끝까지 얘기할 수 있도록 해야 합니다. '세 살 버릇 여든 간다.' 라는 속담처럼 짧은 단어만으로 대화하다 보면 제대로 된 표현을 못하게 됩니다.

324

어른에 대한 공경심을 가르치세요

엄마가 직장을 다녀 할머니와 할아버지에게 자란 아이들

은 우리 어른들의 지혜와 슬기를 몸으로 직접 체험하면서 웃어른을 공경할 줄 아는 예절 바른 아이로 자라날 확률이 높습니다. 엄마가 직접 키운 아이에 비해 훨씬 확률이 높다고 할 수 있습니다. 그러니 할머니가 키운 아이가 버릇없는 아이가 될 것이라는 편견이나 걱정은 이제 버려도 됩니다.

핵가족에서 엄마가 직접 키운 경우에도 자주 할머님 댁을 방문하면서 아이에게 할머니 할아버지를 공경하고 예의 바르게 행동해야 한다는 것을 가르쳐 주세요. 아이들에게 웃어른의 존재를 알려주는 일은 아이가 자라 부모님을 존경하는 마음을 갖게 되는 것과도 밀접한 관계가 있습니다.

존댓말을 하도록 가르치세요

어른께 존댓말을 하는 습관을 가르쳐 주세요. 그러나 일부러 아이들에게 존댓말을 가르치는 것은 대단히 어려운 일입니다. 부모가 먼저 실천하면서 자연스럽게 아이를 존 댓말에 익숙해지도록 해야 합니다. 즉 엄마 아빠가 서로에 게 하는 존댓말, 엄마 아빠가 할머니 할아버지께 하는 존댓 말, 그리고 엄마가 아이에게 하는 존댓말 등에서 아이들은 쉽게 존댓말을 익히고 흉내 낼 수 있게 됩니다.

차 안에서의 예절을 가르쳐 주세요

차 안에서의 예절도 중요합니다. 차 안에서는 운전자를 방해하지 않도록 얌전히 앉아서 가는 습관을 들여 주세요. 버스나 지하철 등에서 소리 지르고 뛰어다니거나 또는 뒤 로 돌아 앉아서 신발의 흙을 앞 사람에게 묻히는 일은 없도 록 지도해야 합니다. 또 엄마도 아기에게 성인의 한 자리를 차지하게 하지 말고 가능하면 아이를 엄마의 무릎에 앉혀 서 다른 사람이 앉을 자리를 빼앗지 않도록 해야 합니다.

또 노인이나 장애인에게 자리를 양보하는 모습을 아이에게 보여 주는 것도 좋은 공부가 될 것입니다.

발표력 있는 아이는 자신감이 생깁니다

부모와 선생과 협의하여 발표력을 가지게 되면 아이는 더 성숙하게 됩니다. 특히 말을 잘하면 친구들 사이에도 인기가 생기고 공부도 잘 하게 됩니다. 남의 주목을 받는 아이는 성공할 가능성이 큽니다.

하지만 말을 잘 못한다고 아이들을 야단치지 마세요. 웅변이나 스피치 학교도 좋습니다. 보내서 기능을 익히는 것도 좋습니다.

328

물건을 공손히 전달하는 방법을 알려 주세요

어른께 물건을 전해 드릴 때는 두 손으로 공손히 드리는 방법을 가르쳐 주세요. 아이가 장난을 치면서 물건을 집어 던져주는 것을 그대로 보고 묵인하지 않도록 해야 합니다. 아이들은 기억력이 오래 가질 못하기 때문에 잘못된 것은 그 즉시 고쳐주는 것이 효과적입니다. 이럴 때는 아이를 불러서 다시 물건을 잡고 공손하게 건네도록 연습을 시켜주세요. 그리고 잘하면 큰 칭찬을 해 주세요.

329

"나쁘지 않아."라고 말하게 하세요

"매우 어려워, 힘들어, 할 수가 없어." 등은 좋은 말이 아

닙니다. 오히려 "괜찮아." "Not to bad."라는 말을 하게 하
세요.

항상 긍정의 힘으로 말하게 함으로써 가능성을 더 크게
만들 수 있습니다. "오늘도 나쁘지 않고 내일은 더 나아지
고 미래는 아주 좋을 거야."라는 말로 항상 희망을 주세요.

혼자 길을 찾아가게 하세요

길을 찾는 법도 하나의 방법입니다. 거리에서 사람들에
게도 질문하고 지도책을 보고 찾아가는 것은 하나의 경험
이 됩니다. 헤매는 길에서 난관을 배우고 찾음으로써 결과
에 대한 기쁨도 생깁니다. 그러나 자주 길을 헤매게 해서는
안 됩니다. 좌절이나 어려움이 많으면 부정적이 되기 때문
입니다. 처음에는 도움이 필요합니다.

참을 줄 아는 사람으로 만드세요

아이들은 숨기 놀이에서 술래가 되는 것, 부모와 헤어지는 것을 무서워합니다. 백화점이나 놀이동산에서 부모와 헤어진 공포를 가진 아이들이 있을 것입니다. 그 다음에는 그곳에 가려 하지 않을 것입니다. 참는 것이 마치 지옥과 같다는 것을 알게 됩니다. 그러나 공포나 슬픔을 극복하고 그것을 인내할 수 있게 되면 훨씬 더 발전적인 아이가 될 수 있습니다. 기다리게 하세요. 그리고 지켜보세요. 아이들은 60분도 참을 수 있습니다.

자유로움의 진정한 의미를 깨닫게 하세요

부모들이 아이들이 원하는 것을 할 수 있게 해 주고 스스로의 의지를 존중해 줘야 한다는 이야기를 계속 해 왔습니다. 그러나 다른 한편으로 자유에는 절제나 스스로의 책임이 따른다는 것도 알게 해 주어야 합니다. 자기 마음대로만 하는 것은 진정한 자유가 아닙니다. 자유로움의 진정한 의미를 깨닫게 하세요.

아이들의 공간을 인정하세요

노크 없이 아이의 방에 들어가고 서랍 등을 쉽게 열어보고 만지는 습관을 가진 부모는 어른의 자격이 없습니다. 자녀에게도 인권이 있음을 알아야 합니다.

책상을 정리한다면서 일기를 열어 보거나 아이의 여러 가지 물건들을 살피는 것은 옳지 않습니다. 아이들은 스스로 생각하는 시간도 있어야 합니다. 문을 잠근다고 야단치지 마세요. 아이들만의 공간을 인정해 줘야 합니다.

334

깨끗함으로 일관하게 하세요

집과 옷과 화장실과 방이 더러운 상태에서는 무엇을 이루지 못합니다. 아이들은 항상 깨끗한 환경에서 클 자격이 있습니다. 더러운 옷가지나 방은 부모의 책임입니다.

첫인상에서 가장 중요한 것은 깨끗함입니다. 유명 상표 옷을 입었지만 손발이 더럽고 목에 때가 끼어 있다면 절대 좋아 보이지 않을 것입니다. 마치 더러운 몸을 애써 감추기 위해 비싼 옷을 입은 듯 보일 것입니다. 아이에게 항상 청결함을 유지하는 습관을 길러 줘야 합니다.

335

누군가 아프면 돌보게 하세요

아이들도 가족이 아프면 돌보는 간호사나 호스피스가

될 수 있습니다. 항상 아이들에게 아픔이 무엇인지, 같이 괴로워하는 마음과 죽음에 관해 알려 주세요. 주변에 자신보다 약한 존재, 아픈 사람이 있으면 직접 나서서 돌볼 수 있는 아이가 되도록 가르쳐 줘야 합니다.

결혼식을 꿈꾸게 하세요

"누구랑 결혼할 거니?"라고 묻고 상상하게 하세요. 아이들은 상상력이 풍부해서 말을 잘 합니다. "내 친구 OOO랑 같이 살고 싶어. 결혼할 거야."라고 말하면서 아이들의 상상력은 더욱 풍부해질 것입니다. "어떤 옷을 입고 어디서 하고 무슨 음식을 먹고 그리고 또? 또?"라고 말하면서 아이들은 결혼에 대한 생각이 정리될 것입니다.

연기학원에 보내는 것도 좋습니다

연기학원은 오디션을 거쳐서 아이들의 말을 교정하고 의사 표현을 가르칩니다. 무대에 서 있는 배우들은 바르고 정확한 표현을 해야 그것이 관객석까지 전달이 됩니다. 말을 꼭 연기자처럼 하기 위해서 필요한 것이 아니라 바른 발음과 표현을 위해서 필요한 것입니다. 또한 풍부한 감정 표현도 배울 수 있게 됩니다.

얼굴 표정도 고쳐 주세요

밝은 표정을 가진 아이가 밝고 긍정적인 마음을 가질 수 있습니다. 부모님이 항상 찌푸린 얼굴로 한숨만 쉬고 있는 모습을 보여 주면 아이 역시 얼굴을 찌푸리게 되고 빨리 주

름이 생기게 됩니다. 환하게 웃는 표정, 밝은 표정, 밝은 목
소리로 생활하는 모습을 보여주면서 아이가 그것을 따라할
수 있게 해 주세요.

부모만의 시간도 있다고 가르치세요

엄마의 시간, 아빠의 시간이 있다고 알려 주면 아이들은
부모를 귀찮게 하지 않습니다. 아이들과 함께 놀아주는 시
간도 있고, 아이 혼자의 시간도 있고, 블록 쌓기나 공원에
갈 일도 있지만 결국 부모의 시간을 방해하지 않도록 가르
쳐야 합니다. 하지만 그저 무심코 텔레비전이나 보는 모습
을 보여 주는 것도 좋지 않습니다. 아이들에게 엄마 아빠에
게도 뭔가 집중하는 일이 있음을 보여 주세요.

가끔은 명품 숍에 데리고 가세요

세상의 값나가는 물건이 있는 곳이나 고가의 물건들을 파는 곳에 데리고 가 보세요. 어른이 된 이후에 그런 물건을 살 능력을 갖추는 자연스러움을 익히게 될 것입니다.

상류층 사람들이 쓰는 물건, 말씨, 행동 등 다양한 것들을 경험해 보게 하세요. 아이들이 "이것 참 좋아요. 나도 어른이 되어서 저 넥타이, 선글라스 사야지." 하면 이미 성공한 셈입니다.

부모와의 만남은 아이에게 꼭 필요한 일입니다

무엇이든지 의존하는 것은 어려운 일입니다. 혼자 사는

부모에게도 도와줄 일이 있습니다. 이혼한 부모로부터 아이를 단절시키거나 만나지 못하게 하는 어리석음은 범하지 말아야 합니다. 자주 보지는 못하더라도 연락을 끊지 마세요. 아이는 부모와의 만남에서 최소한의 즐거움을 느낍니다. 혼자 아이를 키우는 부모의 길은 험난합니다. 그런 만큼 부모의 배려가 중요합니다.

아이 앞에서 함부로 방귀를 뀌거나 트림을 하는 것은 좋지 않습니다

어른들 중에도 쉽게 방귀를 뀌고 트림을 하면서 생리적인 작용이라고 말하는 사람이 있습니다. 하지만 그것은 예의를 벗어난 행동입니다. 하지만 그렇게 하면 아이도 부모를 똑같이 따라할 것입니다. "방귀를 뀌는 것이 무슨 잘못이냐?"라고 말하지만, 가족이 아닌 사람들 앞에서는 실제

로 참을성이 필요하고 조심해야 할 일들입니다. 화장실에
가서 조용히 해야 하는 일들을 공공연하게 사람들 앞에서
드러내놓고 하는 것은 좋지 않습니다.

늘 웃는 모습을 보여주세요

웃지 않는 괴물 같은 가족은 불행합니다. 웃지 않는 아
이는 병든 아이입니다. 아이가 웃고 떠들고 즐거워하는 모
습이 바로 진실입니다.

우리는 가끔 잊고 사는 것이 있습니다. 행복은 부자가
되거나 명예를 얻을 때 오는 것이라고 생각하는 사람들이
있습니다. 하지만 사실 자신이 하고 싶은 일을 할 때 그 만
족감이 더욱 큽니다. 더군다나 웃음이 많은 것은 그만큼 좋
은 것입니다. 아이를 웃게 해 주세요. 그리고 함께 웃으세
요. 힘껏 안아 주세요.

선생님과 만날 때 노트를 준비하세요

선생님이 자녀의 이야기를 할 때 다 적어서 기록하는 것이 좋습니다. 나쁜 이야기도 받아들여서 생각해야 합니다. 선생님이 하는 말을 받아 적고, 그것이 주관적인지 객관적인지를 판단하세요. 그리고 선생님과 우호적인 관계를 유지하세요. 아이의 문제는 선생님이 혼자 해결하는 것이 아닙니다. 바로 부모가 챙겨야 하는 것입니다. 학교는 전학을 갈지라도 선생님의 이야기를 잘 듣고 생각하세요.

궁금한 것을 노트에 적게 해 보세요

아이들이 느끼고 질문하는 것을 노트에 쓰게 하는 것도 좋습니다. 궁금한 것의 요점 등을 말하게 할 때 적어둔 것들을 보도록 하면 더욱 좋습니다. 그렇게 하면 발표를 하거나 자신이 잘 모르는 것을 질문할 때 쉬워집니다. 노트는 작은 수첩으로 하는 것이 좋습니다.

말하기 전에 생각해 보도록 하세요

들고 보고 느낀 점을 다 말하기 전에, 옳은 말인지 아닌지 판단이 안 설 때는 일단 입을 다물게 하세요. 특히 자신의 견해나 판단을 말할 때는 더 조심하도록 하는 게 좋습니다. 그런 말들은 듣는 사람에게 상처를 줄 수도 있기 때문입니다. 타인에 대한 판단 등을 이야기할 때는 말하기 전에 한 번 더 생각해 본 뒤에 말하도록 가르쳐 주세요.

정리하는 습관을 들여 주세요

자신이 가지고 놀았던 장난감은 장난감 바구니나 제자리에 갖다 놓고 정리하는 습관을 들이도록 가르쳐 주세요. 이렇게 정리하는 습관은 아이가 엄마의 집안일을 돕는 기회가 되고 힘든 일을 하시는 엄마에 대해 감사한 마음도 갖게 해줄 것입니다. 특히 요즘은 아이들을 조기유학 보내거나 연수를 보내는 경우가 많은데 이 때 스스로 정리하고 치우는 습관이 잘 들어 있는 경우라면 엄마는 한결 안심을 할 수 있을 것입니다.

젓가락 사용법을 알려 주세요

요즘에는 젓가락질을 잘 못하는 아이들이 많습니다. 젓

가락질을 하게 되면 섬세한 손가락 운동을 할 수 있어서 아이의 두뇌 발달에 좋은 효과가 납니다. 처음에는 포크를 주세요. 손가락 운동이 발달하게 되는 4~5세 정도가 되면 젓가락으로 바꾸어 주고 올바른 젓가락 사용법을 가르쳐 주면 됩니다. 평소 놀이에도 젓가락을 응용하여 물건 집어 올리기, 통에 물건 집어넣기 등을 하면 좋습니다.

우리의 음식 문화인 젓가락질을 가르친 후에 그와 다른 외국의 식사와 식사 예절 등을 비교하면서 가르쳐 주면 문화를 배우는 데도 큰 도움이 될 것입니다.

목소리를 낮추세요

너무 큰 목소리를 가진 사람들이 많습니다. 혼자 떠드는 사람도 많습니다. 실없는 소리를 하는 사람도 많습니다. 자신의 이야기만 하면서 남보고 들으라고 하는 사람도 많습니다. 그런 사람들일수록 시끄럽고 요란하고 다툼을 많이 만듭니다. 말이 많은 사람들과 같이 동행하지 말라고 가르치세요. 목소리를 낮추고 생각을 하도록 가르쳐 주세요.

놀 때와 공부할 때, 잘 때를 알게 하세요

구분지어진 명확한 일상을 잊어서는 안 됩니다. 공부한다고 앉아서 딴 짓을 하고, 자야 할 시간이 지나서까지 텔레비전을 보거나 놀고 있어서는 규칙적인 생활을 할 수 없습니다. 놀 때는 놀고, 공부할 때는 공부하면서 해야 할 시간에 제 일을 하도록 가르쳐 줘야 합니다.

친구와 헤어질 때도 인사하게 하세요

"즐거웠어, 조심해, 잘 가, 오늘 고마웠어." 등의 많은 말로 인사하게 하세요. 갑자기 뒤돌아서서 툭 가버리는 매너 없는 아이로 만들지 마세요.

또한 반드시 선물을 받으면 고맙다고 말하게 하세요. 그리고 언제나 칭찬을 하게 하세요. 누구를 만나든지 그 느낌을 말하게 하세요. 좋은 말은 더 많이 해야 합니다. 그래야 아이가 성장하면서 인정받는 사람이 되는 것입니다.

간단하게 살게 하세요

복잡한 구조로는 이 세상을 살 수가 없습니다. 모든 것을 단순하게 처리하게 하세요. 모든 것에서 확실하게 단순하게 명료하게 사는 것이 최고입니다. 이것은 자녀에게 줄 최고의 선물입니다. 말은 간단하게 하고 핵심만 꼬집어서 하고, 생각도 단순하게 할 필요가 있습니다.

느낌은 중요합니다

비판이 아니라 느낌을 말하게 하세요. 어린이 신문, 뉴스 등을 보고 느낀 느낌을 한 순간에 말하는 것은 좋은 것입니다. 받은 느낌을 그림이나 색으로 단순화하기도 하며 어떤 사람을 색으로 표현해 보라고 하는 것도 좋습니다.

어떤 이는 번호로 생각한다고 합니다. 그것은 이상한 것 같지만 그 사람만의 느낌입니다. "저 사람은 3번 같다. 저 사람은 5번 같다." 그러나 서열이 아닌 그냥 숫자로 표기하는 방식인 것입니다.

354

음식을 남기지 않도록 하세요

음식을 낭비하지 않는 것은 근검절약의 기본입니다. 엄마는 쌀 한 톨에 담긴 농부들의 수고를 아이에게 설명해 주고 밥을 안 먹고 버리는 것이 농부들에게 얼마나 미안한 일인가를 설명해 주어야 합니다. 우리가 사용하는 물건은 아무리 작은 물건이라도 여러 사람의 정성과 노력이 들어 있다는 것을 이야기해 주세요. 세상에는 내가 남겨서 버린 음식조차 얻지 못해서 굶어 죽어가고 있는 불쌍한 아이들이 있음을 말해주고, 음식이 귀한 것임을 알려 줘야 합니다.

355

아무 옷이나 입고 활보하게 하지 마세요

집에서 입던 잠옷, 트레이닝 복 차림으로 집 밖을 나가

는 버릇이 들면 아이는 어른이 되어서도 무심하게 돌아다
닐 것입니다. 집에서 속옷이나 팬티차림으로 있는 부모와
여름에 덥다고 슬리퍼나 반바지로 나오는 사람들을 보면
신뢰가 사라집니다.

어떤 자리나 그 신분에 맞는 옷이 있습니다. 집 밖으로
나올 때는 아무 옷이나 입고·다녀서는 안 된다는 것을 알려
주세요. 최소한의 예의를 갖춰야 하는 것입니다.

손님과 대화할 때는 칭찬으로 일관하게 하세요

무시하거나 야단치거나 소외시키는 대화는 참 나쁜 것
입니다. 개중에는 사람을 앞혀 놓고 이상한 말을 하는 사람
도 있습니다. 특히 초대한 사람이 손님을 함부로 대하는 경
우가 있는데 이것은 매우 나쁜 행동입니다. 아이들 중에는

친구 초대해 놓고서는 싸운 뒤 울면서 돌아가게 하는 경우
가 있습니다. 이것이 분명 나쁜 행동이라고 가르쳐야 합니
다. 손님과 대화할 때는 칭찬을 하도록 하고, 가능하면 의
견 충돌을 피하도록 가르쳐 주세요. 혹시 싸웠을 경우에는
꼭 화해하고 사과하도록 가르쳐 줘야 합니다.

진정으로 사과하게 가르치세요

　사람의 마음을 아프게 하는 악한 마음을 가지는 것은 나
쁘다고 가르치세요. 그리고 말을 잘못한 것은 정중하게 사
과하게 하세요. 그 다음 아이가 스스로 인정하게 되면 잊게
하세요. 친구 간에 가족 간에 사과할 줄 모르는 아이는 커
서도 남에게 사과하지 않게 됩니다. 싸우는 것보다, 싸우고
나서 마음에 쌓아 놓고 계속 적을 만드는 것이 오히려 더
나쁜 일임을 알게 하세요.

도서관 카드를 만들어 주세요

어느 도서관이든지 다니고 있는 아이는 그렇지 않은 아이와 다릅니다. 책을 많이 읽고 생각을 많이 하는 아이는 반드시 성공하게 됩니다. 자주 도서관에 가서 많은 정보를 읽고 익혀 버릇하면 차츰 익숙해질 것입니다. 조용한 분위기, 자료를 찾고 공부하는 것에 스스로 단련되는 기간도 필요합니다. 부모님이 먼저 아이에게 도서관 카드를 만들어 주세요. 함께 도서관에 가서 책 읽는 모습을 보여 주면 더 좋습니다.

여성에게 말을 조심하도록 가르치세요

어려서 함부로 말하는 것은 지양하게 해야 합니다. 여성에게 해서는 안 되는 말, 특히 "월경주간이냐?" 등을 함부로 묻는 것은 위험한 일임을 알려 주세요.

성을 가지고 장난치듯 말하지 않게 해야 합니다. 욕을 하더라도 성적인 비하의 욕은 위험합니다. 여성에게 나이를 묻거나 늙어 보인다는 말을 하지 않도록 가르치세요. 엘리베이터 문이 열리면 여성이 먼저 나가게 하라고 가르쳐 주세요. 칭찬하는 말을 잘 하게 알려 주세요. 꽃을 선물하게 하세요. 숙녀에 대한 예의를 가르쳐야 합니다.

상대가 미리 말하도록 하라고 가르치세요

화가 난 사람이거나 용건이 있는 사람에게 먼저 말하게 하고 물건을 먼저 이용하게 하세요. 화장실도 급한 사람이 먼저 가게 알려 주세요. 상대가 먼저 말을 하게 되면 다 듣고 이해하고, 생각하고 그 다음에 결론을 내도록 가르쳐 주세요. 말을 먼저 하면 상대에게 내 마음을 읽히게 됩니다. 속마음을 있는 대로 다 표현하지 않고 먼저 상대의 말을 들으면 의견 충돌을 최소화할 수 있습니다.

부모에게도 인내가 필요합니다

부모들은 아이들의 문제에 깊게 들어가기도 전에 말을 끊고 판단합니다. 그것이 문제의 발단이고 문제가 해결이 안 되는 경우입니다.

다 들어주는 인내가 가장 필요합니다. 듣다 보면 서서히 정답으로 가까이 가게 됩니다. '왜 저런 말을 하는가?' 하고 생각해 보아야 합니다. 불평 속에서 희망이나 속상함, 불만 등이 나옵니다. 그러므로 답을 찾기 위하여 기다려야 합니다.

완벽하다는 말을 자주 해 주세요

"너의 글은 완벽해, 훌륭해."라고 말하고 "너의 생각은 완벽해."라고 말해 주세요. 물론 그럴 경우가 좀 적더라도 칭찬할 때는 화끈하게 해야 합니다. 아이들은 그것을 좋아합니다. 미국에서도 교수나 선생에게 "Perfect!"란 말을 들은 아이는 자신감이 생깁니다. 그리곤 더 잘하기 위해 노력하게 됩니다. 심리학에서도 잘하는 것은 더 강한 느낌으로 받아들여진다고 합니다. 그러므로 칭찬해 주고 "완벽해!"라고 말을 해 주세요.

여행에서 다투지 마세요

여행 가서 부부 간에, 자녀 간에 자신의 입장만 고수하고 싸우다 오면 결국 남는 것은 후회뿐입니다. 아이들의 의견도 중요하게 생각하고 그 의견에 동참하기도 하고, 아이들의 생각을 이해하도록 하면 아이들에게 말할 기회가 주어지는 것과 같습니다.

여행에서도 배우고 알게 하는 것이 중요합니다. 다툼 때문에 사랑이나 화목을 잊어버리지 말아야 합니다.

여자친구, 남자친구를 인정하세요

부모들이 개입해서 알고자 하지 마세요. 성적인 문제는 조심시켜야 하지만, 결혼 할 사이도 아닌데 많이 지적하거나 집안으로 불러들이는 것은 별로 좋지 않습니다.

아이들은 그냥 변합니다. 수많은 친구들과 헤어지고 만나고 그런 과정을 통하여 많은 것을 알게 됩니다. 스스로 알고 아픔도 느끼면서 생각도 늘게 될 것입니다.

가장 좋은 기억만 간직하게 하세요

우린 일생을 통하여, 한 해를 통하여 어떤 기억을 가져가게 될까요? 바로 좋은 기억을 평생 가지고 갑니다. 그 기억이 사람의 인생을 좌지우지합니다.

아이들은 생각의 깊이를 가지면 말도 잘 하고 리더도 되고 과학자, 음악가, 등 다양한 세계관으로 살게 될 것입니다.

현명한 엄마의
남다른 **자녀교육**
365

초판 1쇄 펴낸날 : 2008년 3월 17일

지은이 : 노혜진
펴낸이 : 이금석

마케팅 : 곽순식 · 김선곤
기획 · 편집 : 한혜진
디자인 : 박상순
물류지원 : 현란

펴낸곳 : 도서출판 무한
등록일 : 1993년 4월 2일
등록번호 : 제3-468호

주　소 : 서울시 마포구 서교동 469-19
전　화 : (02)322-6144
팩　스 : (02)325-6143
홈페이지 : www.muhan-book.co.kr
e-mail : muhan7@muhan-book.co.kr

값 : 5800원
ISBN : 978-89-5601-207-0 (13180)